Official MENSA®
Puzzle Book

MENSA®
ABSOLUTELY
 SUDOKU

LEVEL
#3

FRANK LONGO

STERLING

New York / London
www.sterlingpublishing.com

4   6   8   10   9   7   5

Published by Sterling Publishing Co., Inc.
387 Park Avenue South, New York, NY 10016
© 2007 by Sterling Publishing Co., Inc.
Distributed in Canada by Sterling Publishing
C/o Canadian Manda Group, 165 Dufferin Street
Toronto, Ontario, Canada M6K 3H6
Distributed in the United Kingdom by GMC Distribution Services
Castle Place, 166 High Street, Lewes, East Sussex, England BN7 1XU
Distributed in Australia by Capricorn Link (Australia) Pty. Ltd.
P.O. Box 704, Windsor, NSW 2756, Australia

Printed in China
All rights reserved

Sterling ISBN 978-1-4027-4398-6

For information about custom editions, special sales, premium and
corporate purchases, please contact Sterling Special Sales
Department at 800-805-5489 or specialsales@sterlingpublishing.com.

CONTENTS

INTRODUCTION

When you hear the term "X-wing," do you think of a Starfighter ship from *Star Wars*? Is a "jellyfish" only something to be avoided at the beach? Is a "Gordonian rectangle" less familiar to you than Pascal's triangle? If so, you probably haven't delved into the world of extreme sudoku, where these are some of the advanced solving techniques that are needed to get to the solution.

If you've never solved a sudoku puzzle before, here's how it works:

> **Fill in the boxes so that the nine rows, the nine columns, and the nine 3×3 sections all contain every digit from 1 to 9.**

Below is a sample puzzle on the left, and its solution on the right.

		2	6	4				8
3				7		4		
								5
5	1		4			3		
		7				4		
		9			1		7	2
	7							
	9		7					4
2				3	6	1		

9	5	2	6	4	3	7	1	8
3	8	1	2	5	7	9	4	6
7	6	4	1	8	9	2	5	3
5	1	6	4	7	2	3	8	9
8	2	7	3	9	5	4	6	1
4	3	9	8	6	1	5	7	2
6	7	3	9	1	4	8	2	5
1	9	5	7	2	8	6	3	4
2	4	8	5	3	6	1	9	7

If you are actually studying the two grids above because this is your first time trying sudoku, slowly close the cover of this book and back away without making any sudden movements. This is not a book for beginners. If you're just starting out, read *Mensa Guide to Solving Sudoku* by Peter Gordon and me. But if you're a seasoned pro and aren't intimidated by swordfish, XY-wings, XYZ-wings, alternating digits, finned X-wings, Gordonian polygons, turbot fish, and other scary-sounding techniques, then your search for a book that will truly challenge you has finally ended.

I have found that the vast majority of sudoku puzzles that are labeled "hard," "expert," "challenger," and the like, in newspapers, magazines, and books, are not really all that difficult. And in a surprising number of cases, they are downright easy. They usually require only intermediate solving techniques. Some of them might require a combination of these techniques, but they are intermediate techniques nonetheless. In the *Mensa Absolutely Nasty Sudoku* books, you will find puzzles truly worthy of the label "hard."

The puzzles increase in difficulty throughout the four books in the series. In Level #1, only basic and intermediate techniques are required, but they are not beginner puzzles. In Level #2 and Level #3, more advanced techniques are added to the mix, and by Level #4 you can expect not only the most advanced techniques, but puzzles that require multiple advanced techniques in each puzzle.

Despite the difficulty of these puzzles, none of them require flat-out guessing to complete. All of the above-mentioned advanced techniques are simply methods that will logically get you to the next step in the solving process, whether you give them a fancy name or not. So if you're new to solving *really* hard sudoku puzzles, be patient, be willing to stretch your mind to see connections you wouldn't have thought to look for before, and be confident in knowing that there will always be something you can find that will get you to the next step. (That is, assuming you haven't made any errors!)

And just think, after you finish *this* series, you'll be able to impress those around you by tossing off any newspaper or magazine "super challenger" puzzle at lightning speed!

—FRANK LONGO

Puzzle 5

	8				1			
5								
3	2	6	8		9			5
8		9	2					
1				6				4
				5	8			2
2			7		6	4	5	8
								6
			3				7	

Puzzle 6

				5	8			2
8			9			6		
4	5		1					3
		3	5	1		2		
		4		6	2	1		
3					1		2	7
		9			3			1
6			2	8				

7

	2	6					5	
		3		5	7			4
			6				7	
			4			1		
		4	1		6	5		
		9			2			
	9				3			
6			9	8		2		
	8					3	6	

8

				3				2
	4						1	6
	1				7	9		
			4		6	5		3
9			5		3			1
3		5	8		9			
		8	7				6	
2	9						8	
4				5				

		1			5		2	
	7		1					
		6			4	8	3	
			5				9	6
		9		6		3		
6	1				9			
	8	7	2			9		
					7		4	
	3		6			7		

		1						
5			6		7			
	2			3				8
		2			4		1	3
9			2		5			7
7	6		3			5		
2				7			6	
			5		9			1
						7		

7	1		8				4	5
			3	4				
						8		6
6	3		4					
	8	5				7	2	
					8		6	9
8		6						
				7	4			
5	4				9		1	7

8	4			3				
						4	5	1
		1			7			
	7	2	9				3	
5				1				2
	1				3	6	7	
			6			5		
4	8	7						
				2			8	7

	1			7				4
			2		6			5
7			1			8		
8						6		
	4	5				3	2	
		9						8
		1			3			9
2			4		9			
4				1			7	

4							5	6
				4		3		9
			5		9		8	
	6			8	3			5
3		2				8		1
8			1	6			7	
	1		4		5			
6		7		1				
5	4							7

Puzzle 15:

				9			4	
9			4				1	3
	3				1	5		2
2		6						
			5	6	4			
						3		4
4		9	2				8	
1	7				6			5
	8			7				

Puzzle 16:

		9		8	4			7
	1	6	9					
					5			1
5		7			6			
8			3		7			6
			8			7		3
1			2					
					9	2	3	
6			5	7		1		

Puzzle 1/7:

4			7			5	1	
					5		2	7
				6	2			8
	1					2		
		5				6		
		9					4	
1			5	9				
8	7		2					
	5	3			1			2

Puzzle 1/8:

			7	9			3	
					2			6
9		7					1	8
7	5				6			
	9		5		3		6	
			9				5	7
5	4					1		2
1			2					
	2			6	4			

19

		4	6			2		
					2			9
6	1		8	9			3	
	5	6			8			
8								1
			1			3	8	
	2			8	5		7	6
9			7					
		7			3	1		

20

			1			4		
	9			6				8
4	5	2		3				
		8	5		6	9		1
				1				
6		3	9		2	8		
				2		5	7	6
2				5			8	
		5			7			

4		3	8			5		
	5				7	8	1	
					9			
			4		8		7	
2								6
	9		5		2			
			1					
	2	7	9				8	
		5			6	7		9

9	3		5					
1		8				2	5	
				9			3	6
					9			2
	8		2	7	6		1	
7			4					
6	4			8				
	9	1				6		8
					1		2	3

2
3

2
4

2/5

		4	3					8
				4		7		
6	9		1		8			
		9	2					4
	4	5				2	9	
8					4	6		
			6		2		8	7
		8		7				
9					3	4		

2/6

		7			6		2	
			5				6	7
9	3		4			8		
		8			5			
5				1				4
			8			5		
		5			2		7	6
7	6				8			
	4		7			9		

27

	4					1	5	
8					7			6
		1		8				4
3			2	6				
			4		1			
				9	5			2
1				7		4		
5			9					3
	9	6					2	

28

	6	3	1	2	7			
8			9					
						2	9	
	9		3	5			4	2
			4		8			
6	4			9	2		1	
	2	1						
					3			5
			2	8	1	4	3	

29

			9		4	8		
			7	5				6
			1				3	5
	4	5				6		
6				2				3
		3				9	7	
5	3				8			
2				1	9			
		8	5		3			

30

				9	8			2
7		2				1		
1	9							
	3	6			1			
			6		7			
			5			8	3	
							8	4
		1				5		7
9			8	4				

3 / 1

9	3			7		6		4
	6		3					
2			4			3		
8				3				
		5	9		1	8		
				2				5
		3			5			2
					2		8	
6		2		8			4	1

3 / 2

						1		6
		9		3	5		2	
					6	3	5	9
		5	3		7			
8								7
			8		1	5		
1	2	3	7					
	8		5	6		2		
6		4						

9		2	1					
4		1		9	8			
		8		6	1			
5	3		6					
1				5				6
					1		9	7
		4	5			7		
			8	4		2		1
					2	9		5

5			1	3		2	6	
		8						
1					7	3		4
					6	7	1	
	1						8	
	8	6	7					
3		2	9					7
						6		
	6	7		2	4			9

3/5

3/6

		3	7	1		8		
	4				5		6	
			6					5
			9		8		7	
6				2				9
	5		1		6			
2					9			
	8		3				2	
		7		8	1	9		

9			3		4			
4				9		6		
			8				1	
	4				6		2	
6	5		7	2	3		8	9
	3		4				5	
	9				7			
		4		5				3
			2		1			5

Puzzle 39:

	4			1	2		5	
2						4	3	
	3	6				7		
				2	7	3		
			4		5			
		5	1	3				
		9				8	4	
	7	2						9
	8		9	7			1	

Puzzle 40:

1	7			2		4		6
	2			6	5			7
5				8		7		3
	3						4	
8		7		1				5
7			4	5			9	
3		2		9			5	1

Puzzle 4/1:

		9	5	6				
6	5	4	8		7			
		7			3			
	7				8			9
	9						5	
1			7				8	
			3			4		
			6		5	8	9	2
				8	9	6		

Puzzle 4/2:

	6			4		9		
2		4			9	5	8	
8					2	7		
					8	6	3	
				3				
	1	2	9					
		9	6					7
	5	8	7			4		2
		6		2			9	

Puzzle 4 3

Puzzle 4 4

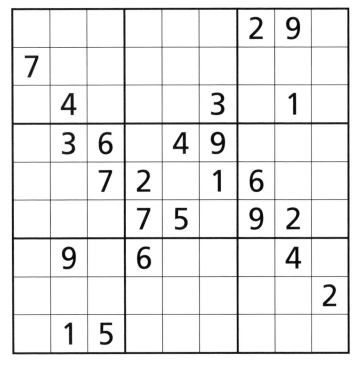

Puzzle 47

1								7
	7			5	1			
6	9				7		1	5
	1			6			2	
		9		8		6		
	2			7			8	
2	8		7				9	6
			6	3			5	
5								4

Puzzle 48

	5				6	9		
7				5		1		4
1			4				3	
								1
	4		9	1	2		5	
5								
	6				4			8
4		7		2				9
		9	8				7	

1			6			5		
					5	7		
		2					8	3
3				2	9		7	
9								5
	4		7	8				9
5	2					1		
		8	9					
		9			6			8

			9	1	5		6	
2								
		9	4			8		
9	4			2				
3			7		8			4
				6			8	3
		2			1	4		
								8
	1		8	5	7			

Puzzle 5-1:

1	8				6			4
		9	4					1
		4	1			6	5	
3			2		7			
				4				
			6		5			3
	7	5				1	4	
8						3	1	
9			5				7	6

Puzzle 5-2:

	9			2				
	5		1			7		
					4	6	9	
2		3		6		9	4	
	4	8		1		5		3
	8	6	4					
		1			7		3	
				5			8	

5-3

8				7	4			6
		6					8	
					8			9
2			5	3		6		
7		4		2		3		8
		1		4	7			2
1			4					
	8					2		
3			2	8				5

5-4

	8					2		
			5					3
7			2	1		4	5	
	9					1		8
			1		4			
1		7					2	
	3	1		8	2			4
8					6			
		5					9	

Puzzle 55

			3	6				7
4			2			9		5
	6				9	3		
			9				7	
2	5						9	8
	9				2			
		8	4				2	
9		5			3			4
3				8	1			

5 5

Puzzle 56

			2			1	6	7
			6				5	
		1		8				2
	2			3		5		
3								1
		6		9			7	
6				5		4		
	8				3			
9	3	5			6			

5 6

5 7

		6		1		5		
	1		3				9	
		3			4	1		6
	2	7						
			6		3			
						9	4	
6		9	5			8		
	7				1		6	
		5		2		3		

5 8

					9		1	
		9	7	4			6	
4	3	6	2					
3			5					6
			3		1			
8					6			3
					4	7	9	2
	9			6	2	8		
	8		9					

Puzzle 59

6				2				
		2	4		5			
		8			9		1	
9	7			3			2	
2								3
	5			4			7	9
	6		7			9		
			1		4	3		
			5					8

Puzzle 60

2							3	
6	4		9				5	
8				3	6	4		
				5	3			4
				7				
9			4	1				
		9	5	8				3
	1				4		9	2
	5							1

6-1

3	9							5
			7			6		
	2		3			4	7	1
8	4	9	6					
6								9
					5	8	4	6
9	6	2			1		5	
		1			6			
7							6	4

6-2

5			2		9		3	
	8			3				1
	2	1		8				
						9	5	8
9	3	8						
				4		6	1	
6				5			2	
	7		9		3			4

Puzzle 6/3:

			4	9			2	5
		4				6	3	
	8	3						
		7		1				
6			8					3
			9			7		
						2	1	
	5	8				4		
2	4		7	6				

Puzzle 6/4:

	2		1		8	5		
	7				3			8
		8		6				
	4		7					
6	1		5		4		8	2
				2		6		
			4			3		
3			6			4		
		9	2		1	7		

	9				7			1
	8		3				6	2
5							7	
	6		4		5		3	
7								4
	1		7		9		8	
	4							3
2	5				8		4	
9			2				1	

8			6			1		
	3		8	7				5
		1					3	
9					7	5		
	1						4	
		5	1					9
	5					8		
6				4	8		2	
		2			6			3

6 7

Puzzle 67

		6	8				7	
				1	5			
	5		7			4	8	
		9					2	
	7	2	9		1	8	4	
	4					9		
	9	1			6		3	
			1	3				
	3				2	5		

6 8

Puzzle 68

	8	1			6	2	5	
				8			6	
9			5					
		8	7		9	1		
7								4
		2	8		5	6		
					4			3
	1			3				
	6	3	1			7	9	

69

	5		9	4	3			
				2				4
4					7	9	1	
5	2							
	1	6				8	7	
							2	5
	7	5	4					6
2				3				
			6	9	5		8	

70

2				1	7	5		
		6						
5	1			4	2		3	
					8			3
	6			5			7	
1			7					
	4		5	2			8	9
						1		
		2	3	7				4

7-1

7	3			6			2	
	6		2			3		
		2						7
2					9			
6	4		1		3		7	5
			4					6
5						7		
		6			5		9	
	9			8			5	4

7-2

			9			7		
	2	3			1	4		
	7		8				5	
	3					2		
2		6				1		8
		1					7	
	1				3		9	
		7	6			8	3	
		8			4			

42

	5						7	
	2	3		5				6
7			2			8		
					6		5	
		2	9		4	3		
	9		3					
		5			1			9
6				3		5	4	
	8						1	

	7	5						9
			1	5				
4		3	8				5	
	9			1	2		6	
		6				1		
	4		3	6			8	
	1				8	5		4
				9	3			
3						2	9	

7/5

	4						6	3
	7		2					
6	8		3				2	1
9					1			
		8		7		1		
			5					6
4	9				6		8	5
					5		1	
1	6						7	

7/6

						1		6
	9			1			7	
1			3					8
	6		5			2		7
		8		4		6		
3		7			8		5	
8					4			1
	3			8			6	
5		1						

2			5				4	
	7			1	9			
	9	5						
					1	6	8	
		7	4		5	2		
	1	3	7					
						4	1	
			3	5			2	
	3				2			8

		9			8			1
1					7		2	
2					1		6	5
		2		8		1	7	
	1	3		9		5		
6	2		5					7
	7		4					8
9			8			6		

	2							7
	6			8	4			9
			9		3			5
	8		1					6
	3			4			7	
4					8	3		
5			8		2			
8			3	7			5	
2							1	

		9		1	6			
6	8	5				7		
1							3	
				3				5
			1	7	5			
3				4				
	2							8
		8				6	9	3
			4	6		2		

Puzzle 8-1:

	5	4		7		8		
2								3
	1	8					4	
4	2	9			6			
			2		3			
			4			2	9	1
	4					9	5	
8								7
		7		5		3	8	

Puzzle 8-2:

8		3		1			2	
							9	
				8		4	3	
		4			3			
		1	7		4	6		
			9			2		
	4	5		3				
	2							
	6			4		1		5

1	8	4	5					
	7			3		2		
						5	7	
			9		1			7
6			3		5			
	4	3						
		5		6			8	
					2	1	3	4

			4		7	8		
						4		3
4					5		2	
3				8		5	6	
	9						8	
	8	5		4				9
	1		3					8
2		9						
		8	7		1			

8/5

		6			1		2	
2				4		9		
8		1				3		
					9			3
9			6		4			2
3			5					
		8				1		9
		3		8				7
	5		2			8		

8/6

			5				1	
		2						7
9	6			1				
	9	4		5	8			
	2			6			7	
			3	9		5	2	
				3			5	1
8						3		
	3				9			

Puzzle 87

9	4		1			5		
5					9			
		2	8	6				
7	2		3					4
8					1		6	3
			9	2	1			
			4					8
		1			8		5	9

Puzzle 88

| 8 | 7 |

| 8 | 8 |

		9	7					1
8		2	1			5	9	
4			9					
					2	9		3
	2			1			6	
6		8	3					
					3			7
	5	7			1	3		4
3					7	6		

			6		3			
5				2			6	8
2		3				7		
	7		5		4			6
9			7		8		1	
		8				9		4
1	4			5				3
			9		6			

2	5	6					9	
				7		6		
				3				
	1		2					9
	8			4			2	
7					1		6	
				2				
		3		5				
	9					1	7	8

Puzzle 9-1:

		2						3
6	7				1	5		
						6		
8				6	2			9
			7	4	8			
1			9	3				7
		3						
		1	8				6	2
9						4		

Puzzle 9-2:

9		4		5		6		
5	7			4				
	3				8			
		3					5	7
			5	6	9			
2	5					8		
			8			6		
				2			4	1
		2		9		7		3

9/3

	6	7						
				6	8			3
	9				2	1		
					9	6	7	
		9		2		3		
	2	1	6					
		6	4				3	
8			9	7				
						9	5	

9/4

9	3			2				
				8				3
		1		6	4	5		
6			8			2		1
			1					
3		4			2			7
	7	3	2			6		
8			9					
				6			1	8

Puzzle 95

					5			
8		7		6		4		
5	1						2	
			9	4				8
	3		6		8		4	
7			5	2				
	4					7	1
		8		5		6		9
			9					

Puzzle 96

							5	
	9	3			8	6		
			2			1		7
1				4				
	8			3			2	
				6				5
8		5			7			
		4	6			5	3	
	3							

			7					1
				9	4	2		
3					2	9		
8		2			1		9	
4				6				3
	6		2			1		4
		5	8					6
		8	6	7				
6					9			

6			5			9		
	4			9			8	1
			2		1			6
4							9	
5		1				7		2
	9							8
3			1		2			
9	2			5			1	
		6			7			3

				3		8		7
			2			5	1	
	7	2						
	3			8			6	
5		8				1		2
	9			5			8	
						4	9	
	8	3			4			
6		4		1				

8	7							
		5	7		3			1
				6		7	4	
			6				1	
9				1				4
	4				2			
	5	6		9				
7			8		1	6		
							2	7

101

			1		9		5	6
		6		4		7		
3	9							2
1				5	3			
			4		8			
			2	6				8
6							7	4
		3		1		8		
5	4		6		7			

102

						9		
1			9	6			7	
	9	8			5	2		4
				4	1			3
5								7
4			2	5				
7		5	4			6	3	
	4			7	2			1
		1						

	3	8		9		6	2	
			3					7
	4	6		7		8		
	2		6					
6								9
					2		4	
		4		2		5	6	
5					3			
	8	9		6		7	3	

		5				3		
1	7			8				
9				2	3			
	2					1		7
	1	8		7		5	9	
5		7					2	
			7	9				5
				6			3	9
		4				8		

			9					8
	5			8	1	9	3	
				2		1		
				4		3		1
7			3		6			2
3		6		5				
		5		7				
	3	1	2	6			5	
4					9			

	7							2
2				5	7		3	9
			4				7	
		2	6				1	7
		5				2		
7	3				4	6		
	2				1			
4	8		3	7				6
3							8	

Puzzle 107

		8		2				
	4	1		9			3	
	9		6		1			
		7		6				3
	6		7		5		9	
8				3		7		
			5		6		2	
	1			7		3	5	
				4		9		

Puzzle 108

4							1	2
		2		1	5			
			4				6	
7					4		5	3
		5	6		9	2		
2	4		1					9
	7				1			
			3	9		8		
8	3							6

				7		6		
	3				2			5
8			9					2
2				5	6	8		
	1			3			2	
		5	8	2				1
4					1			8
6			4				9	
		3		9				

		8	7			5		
7			1	8	5			
5		3			9			
	5					7	8	
3								5
	8	4					9	
			8			4		6
			5	3	2			9
		9		4		2		

2		9					5	
	3				7			9
				4				
9			3					7
	1	6	8		4	2	9	
3					6			8
				8				
7			1				3	
	8					9		2

	5					8		
		1	5				6	
		6	9		3			4
						6	5	2
				3				
8	2	7						
9			7		8	2		
	1				4	3		
		2					4	

	5		7					6
			1	2				
				9	7	3		
	2	3			1		8	
		8	5		2	6		
	1		3			4	9	
	8	7	4					
				9	3			
1					7		6	

					2	4	3	
		2	4	6		1		
9					1			
		5			9	7		
4	9						1	2
		3	1			9		
			2					8
		6		1	8	5		
	5	4	9					

115

9			1			3		
4					5		6	8
	2			3			9	
5						7	2	
			5		6			
	6	7						5
	9			8			1	
8	4		6					9
		2			1			4

116

118	4	5		2	6			
					7			6
	9		4			8		3
	5	9		8				1
1								4
4				1		3	8	
5		2			8		1	
7			1					
			5	7		6	4	

117

				1		7		
	4					2	5	
			4		7	8		6
					1			4
	2		7	3	4		8	
6			8					
4		6	1		9			
	3	7					6	
		9		8				

118

2	9			4			8	
		5						
		1			7		5	
7		8	1		6			
			4		3	9		7
	3		5			4		
						3		
	1			3			9	2

7			5	6				8
			1					
			4			1	9	
8	9					4		5
		4				6		
5		7					2	3
	3	8			7			
					1			
2				3	5			6

9		5			6			8
			9			6		
	7		5					3
5				3			1	
2								5
	8			4				9
3					8		7	
		4			9			
1			3			5		6

121

122

	4		6			8		2
3			8		9			6
	1			3				
			9			7		8
			4		5			
8		5			2			
				2			6	
7			5		8			3
4		1			6		8	

7								
	5	8	6		1		9	
	1		2	7		5		
2	7					4		
		1	4		3	7		
		3					2	8
		4		6	2		7	
	8		7		9	1	4	
								5

Puzzle 125

	3					8		
1				3	8	5		
	8			6	4			
6							3	
	5	4				1	7	
	9							2
			2	7			5	
		5	8	1				4
		7					6	

Puzzle 126

	7				3			
		9	2			4	8	
2	3		8				9	
			6			8	7	
			3	1	2			
	9	1			7			
	1				8		4	5
	8	2			6	7		
			7				6	

127

128

	5					9		
		7			6			
2				5			7	
	4	3	9			7	2	
	1		5		7		8	
	8	5			2	3	1	
	2			7				3
			1			8		
		6					9	

6			3					
3	2				9	7		1
		9		4				
	8	5		3				
	6		8		5		3	
				2		8	1	
				6		5		
1		2	4				6	9
					3			4

131

						7	1	
	5			7		3	8	
	3				5	6		
			5		4		6	7
				2				
4	1		6		7			
		8	7				9	
	7	2		9			5	
	4	1						

132

			2					3
		3		8			9	2
	2			3	1			8
	1		5				7	
6				4				1
	7				9		6	
4			6	9			2	
2	9			1		4		
8					2			

1 3 3

	2			7			9	
	4			6		8	1	
								6
		5	6					3
			4	3	5			
9					1	7		
6								
	7	1		8			4	
	9			4			7	

1 3 4

4	1	8						
9	2	7		8			6	
	3					2		
	7				9	6		2
			3	7	6			
8		6	1				3	
		4					8	
	8			1		4	9	6
						5	2	1

	6	5	3					9
	7		5		8			
	9							
9		7	1			2		
	3		2		6		9	
		6			9	3		1
							2	
			7		3		8	
4					2	9	3	

	5			1				
8				4			9	
	4		6		7	2	8	
			7			3		4
				8				
1		7			6			
	1	6	3		4		2	
	8			6				9
				2			6	

Puzzle 137

						6		
6				7				
7	5	9	1			4		
8		3	4					
4			3		2			7
					8	9		3
		2			7	5	6	4
				8				9
		5						

Puzzle 138

		1	7			6		3
6						5		
			6	4	2			7
	1		9					
	4			6			7	
					8		5	
9			2	8	5			
		7						5
1		4			7	8		

	7		3	4			5	
	4			6	2	3		
								8
	3	5	2			9		
				1				
		4			9	7	2	
4								
		2	1	5			3	
	5			3	4		7	

		3	7					
	4		5	3				
	9				4			8
1	7		9	4				
4	5			7			1	9
				6	5		4	7
5			4			6		
				5	1	3		
				6	9			

4			6		3			1
		7	1					
	2			9				
		6		2		8		
7	3						2	4
		2		7		3		
				6			8	
					1	5		
3			8		9			2

		2	9		5		1	
7	3	1					9	
								7
	1		5		3	9		
	6			4			8	
		5	2		9		4	
1								
	5					7	2	9
	2		7		6	8		

143

			8		6			
	9	6			1	2		
4	8			9				
			2			5	7	
2			7		4			1
	5	8		1				
			6				2	5
		7	1			9	3	
			4		5			

144

							5	2
			2			3	7	
9				3	7			
	1	6			2			
			1	9	4			
			7			2	1	
			5	4				9
	6	3			8			
5	7							

				6	2		8	
5				8				7
	4				9			
1	8					2		
		7		3		1		
		4					5	6
			8				3	
4				1				5
	6		3	9				

8			3					
				2		3		
	3	5				4	9	
				1	5			4
		8	9	3	6	1		
1			2	8				
	9	1				2	7	
		6		9				
					1			6

				2	3	9	4	6
		6	1				7	
			4					
		3					9	4
5	9						3	7
4	1					2		
				2				
	7			1	4			
6	8	1	3	4				

5		7	3					
						1		
	8	2	4				9	3
			9	4				6
4			2					5
6			7	5				
7	3				6	5	4	
		8						
			1			6		8

Puzzle 149:

		4	9	2		5		
	2							
7		5				3		2
		1			8		3	
	6			9			7	
	5		3			1		
6		3				7		9
							5	
		9		4	6	2		

Puzzle 150:

						8	9	
			4				3	
5			8		2			4
	9		5	1				
7	5			3			2	1
				2	7		6	
8			1		6			7
	6				5			
	1	7						

151

8				7	5	9		
2		9	4			7		
					8		4	
				8	3			7
	5		1		7		2	
3			5	4				
	9		8					
		3			4	6		2
		1	3	2				5

152

6					5		8	3
5					2	1		
						6		2
					8	4		
	4		9		3		7	
		9	2					
3		7						
		4	8					7
8	2		6					4

				1				
6				4	2	7	5	
			8		7	6		9
5		4					9	
3								7
	6					4		8
8		5	3		4			
	3	9	7	8				6
				9				

			6	9		2		3
5							6	
4				5		7		
		9	3					
	1		9		5		4	
				7	1			
		2		1				4
	6							7
8		5		7	9			

	7					9		1
		5	7			2		
6					8			5
			1		7	4		
	4			8			3	
		7	3		9			
9			2					7
		4			1	5		
5		3					1	

8	5					9		
9					1	5		
3				9			8	2
7			2	4				
		9				7		
				7	9			6
1	7			8				9
		8	9					5
		4					6	7

Puzzle 157

	8			3	9	1		
9		4		1				2
5								
					8		6	
7				2				4
	9		7					
								3
3				9		7		1
		2	6	7			5	

Puzzle 158

	8			1				5
		7	2				1	
			8	7	9			6
			1				3	
2			7	6	4			1
	1			8				
7		1	8	4				
	2				9	1		
5				7			8	

85

159

Puzzle 159

	4	2		5	8			1
		6				2		
3					2			
9		3			6	7		
				8				
		8	1			4		3
			3					9
		1				6		
6			2	1		8	4	

160

Puzzle 160

4			5	6				
		7	9				6	
					4	9		5
5	3							
	6	9				7	2	
							9	3
2		8	7					
	7				9	1		
				5	3			8

Puzzle 161

	9	1			6			7
		4				2	8	
			9			1		
			2			6	7	
	4		8		3		2	
	2	7			1			
		3			9			
	1	9				8		
5			7			3	9	

Puzzle 162

6			5			4		
4					8			1
7		8	6				9	
	4		2					
		5	7		9	1		
					3		8	
	6					5	8	9
5			3					7
		3			2			4

Puzzle 163

						6		5
	8	9	7					
2				5	9			
		3	5		7		2	
	7			2			6	
	9		4		6	3		
			6	4				9
					2	5	7	
9		1						

Puzzle 164

		8						4
	2	6			9		7	1
9	3			2			5	
			1	7				
	7		8		2		6	
				4	6			
	8			9			1	3
1	4		2			6	8	
3						5		

163

164

				2		8		
6			1		4	2		
	7	2			6	4		
	5							
8		1				5		2
							6	
		3	9			6	8	
		4	2		7			9
		5		4				

				4	6			1
	8		7					3
			1			4	8	
	5		3	1			4	
			2		9			
	7			8	4		2	
	9	6			2			
5					8		7	
7			5	6				

		1		6			3	
						6	1	
	3				7			9
2			6		3		5	
1			4		2			8
	7		1		9			2
4			7				9	
	5	8						
	1			4		2		

5			4		1	6		
	8		5			4		7
							1	
6					7	5		
			9		8			
		3	2					6
	1							
7		6			4		9	
		4	6		2			8

		4		5	2			
8			9					
3					7	6		
	2	5	1					
4				3				1
					4	5	9	
		9	2					7
					5			3
			6	4		8		

5	4	7		3			2	
			2		7			
6			4					
		3				6	7	9
	6						5	
9	5	4				3		
				4				5
			6		2			
	1			5		7	6	8

				3		5	1	
	1				9			4
		2			1			6
8	3		6		7		4	
2								8
	5		2		4		3	1
1			4			2		
4			3				6	
	6	5		2				

8					3	1		2
	1			8				
	7		4				9	
4					1	5	7	
	3	2	7					9
	6				7		4	
				6			8	
9		8	3					1

	6						2	8
		4			3	7		
	1				7		4	5
			2		6			
6				3				4
			7		8			
9	2		1				7	
		3	8			1		
7	8						5	

							3	
4			1	7				
3		8	6		2	1		4
	1						8	5
		3				2		
5	9						6	
8		1	4		9	7		3
				8	7			1
	4							

Puzzle 175

6								
		5	6		9			8
		7		3			1	
		3	1		5			7
5								6
8			7		4	1		
	3			5		2		
7			8		1	5		
								4

Puzzle 176

| 1 7 6 |

1			3	4			7	
		1	3	4			7	
					6	2		
					1			3
	8					4		6
2			1		4			9
3		4					2	
8			9					
		6	2					
	7			3	8	1		

	7	6		1		8		
4							5	
2			5					
					5	7		4
3		8		7		5		2
1		7	2					
					7			1
	6							9
		4		2		6	8	

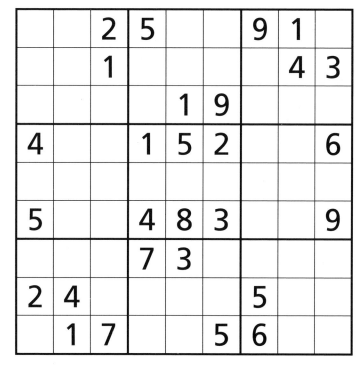

		2	5			9	1	
		1					4	3
			1	9				
4			1	5	2			6
5			4	8	3			9
			7	3				
2	4					5		
	1	7			5	6		

Puzzle 179

				9		4		
8	4	3					6	5
	7		4				3	
7					2		5	6
				7				
1	5		6					3
	2				5		4	
4	3					5	1	9
		7		3				

179

Puzzle 180

1					2			
	8		7			9		
	7		9					4
	3				5	6		
		8	1	7	3	4		
		7	2				1	
7					1	6		
		2			7	3		
			3					1

180

Puzzle 181

4	6		1			2		5
		3					9	
			9			7		
	4					1		6
				4				
8		7					5	
	1			3				
	9					8		
5			6		4		1	3

Puzzle 182

4				2	1			3
	6	8						
			4				1	5
		4	8					
		3		7		2		
					2	5		
9	1				7			
						7	9	
7			5	8				4

Puzzle 183:

	6				8			
3							9	1
		9				7		8
		2		3		1		
7		1	8		4	3		5
		8		2		9		
1		3				6		
9	7							2
			1				5	

Puzzle 184:

			2			9		
2					9			6
4			5	3			7	
		8		2				
9		3	6		8	2		1
				5		4		
	1			6	2			8
3			1					7
		2			5			

	1			3		2		
					1		3	
			5					9
		8		5	7			6
		1	9		4	5		
7			2	8		1		
3					8			
	7		3					
		9		4			6	

	4	5						1
	1				5		8	7
3				2			4	
	2			1	6			
		6				8		
			4	9			6	
	5			6				8
2	8		3				7	
1						4	3	

187

8	3		7		5		2	
			3					7
				8		3		
9	7	8					1	
	6						8	
	1					4	3	9
		6		3				
2					7			
	9		8		6		5	4

188

3		7		9				
								6
			6	8	3	7		4
9				2		5		
	4						1	
		5		6				8
1		9	8	7	6			
8								
				4		2		1

189

Puzzle 189:

1							7	
			3	4				
6	2	7			8			
2	9				4	8		
3								7
		4	2				5	6
			1			6	8	9
				9	6			
	1							5

190

Puzzle 190:

7		4					5	
	3			9			2	
	5	6			8	3		
		7	4		6			
				5				
			1		3	8		
		3	9			7	1	
	7			8			3	
	4					2		6

Puzzle 191

	3		6	4				
	8		2					7
2		6					4	
	1	3		6				
			3	7	4			
			1			8	7	
	6					4		9
4					1		5	
				5	8		6	

Puzzle 192

	4			8	1			
	3		4				2	
1								4
3	6			4			7	5
			6		3			
5	9			2			1	3
6								7
	2				4	3		
			7	6		5		

4					3		6	
6		2	9					1
						8		
	2		5		8	9		
	1			4			8	
		7	2		9		1	
	8							
1					2	3		8
	6		7					9

		1					4	9
	9							7
				5				1
	4	6	2	8			1	
		8	6		3	4		
	2			7	4	6	5	
8				4				
2							8	
6	5					9		

Puzzle 195

	1			8				3
5		6		7				
	2		1		7			
8	5		6	4		9		
		9		5	8		6	2
		5			1		8	
			2			3		9
6				7			5	

Puzzle 196

				2				
1		2	9					7
				3	4			1
		1	3	5		4		
		9			8			
	3		4		1	9		
8		7	5					
9				2	5			4
			3					

104

197

Sudoku 197:

						9	1	
		2	6					4
	9		8					5
8			9	2		5	4	
4				1				3
	2	5		4	8			6
3					4		5	
9					7	3		
	5	8						

198

Sudoku 198:

	6							
4		7	9				8	
		1	3			9		
			2			8	9	
		8	7		6	2		
	9	4			3			
		2			7	5		
	5				8	3		6
							1	

3				5	7		8	
	2	4						
	7	8			1			9
7				6			9	
		6		7		8		
	3			4				6
8			9			1	5	
						9	4	
	4		3	1				8

4	8						1	
5			4					7
			5	7				3
	6							
	4	1	6	2	9	7	3	
							4	
9				1	7			
6					5			4
	5						2	1

Puzzle 201

8	9		6					
		5	2	4		9		
		3						6
				9				1
9		1		5		6		8
3				2				
1						3		
		6		1	5	2		
					2		4	7

Puzzle 202

				2	8			5
	2						3	4
					6			1
4			7			5	6	
	1						9	
	6	9			4			7
8			6					
5	7						1	
2			4	1				

203

	8		6					
6	9				7		2	
			4			1		6
		9		1				8
3				5				2
2				4		6		
1		2			4			
	4		8				3	7
					2		9	

204

							2	
	3	5	9	8	7	1		
	8	1	4					
			2			9		6
	5			4			3	
9		3			1			
					6	3	7	
		8	3	9	4	6	1	
	9							

0 5

	5		2			3		
				8				7
6		2				1		
9							3	6
			5	4	9			
7	1							5
		9				4		3
3				1				
		1			6		9	

2 0 6

	2	3	7		4			
6			8					
		8					1	
	3			5		4		2
		5				1		
7		4		3			5	
	9					7		
					6			1
			4		5	2	9	

207

			5			9		
		6	3	8		2		
2			9	7				
9						6	7	
7								4
	4	5						8
				4	9			2
		9		6	7	5		
		8			5			

208

			9	2			6	
4				7			3	5
		1			3			8
	8	6	4					
				1				
					7	4	5	
1			7			5		
8	9				5			3
	7			3	8			

	8							
5	6	9		1			3	
		2	8			6		
4		6			5			
		3	4	8	6	5		
			1			4		7
		5			8	2		
	3			5		8	7	6
						9		

3			4					2
5					7	4		
		4	2				6	
					2	8	9	
			9					
	1	2	5					
	5				9	2		
		9	1					4
2				4				7

Puzzle 211

	7	8			1			9
		6	7					
2								8
		5	6				2	
	1			5			8	
	3				4	7		
7								1
					3	4		
8			4			2	5	

Puzzle 212

5			2				7	
1		3						
	2		5				9	
6				9	7		3	
		7	1	8	3	2		
	3		6	5				9
	7				5		1	
						8		3
	4				9			7

213

						6		
7		1					5	
			6		1		8	4
8			2				4	
4	1		9		8		6	3
	9				7			5
6	4		1		2			
	2					4		9
		9						

214

1	7		9	6			2	
		8			3			5
								9
2							3	
8	5		3	7	1		9	2
	4							1
6								
7			1			9		
	1			2	6		8	7

215

	8		6			7		
	1	2	8	9			4	
					3		9	
	3	8						7
		5		2		8		
2						9	3	
	5		2					
	2			3	6	5	7	
		4			5		6	

216

					3			
1	5		9	8			3	
			7			8		6
	6			9	2			
4		1				2		9
			3	7			6	
2		5			7			
	1			2	4		8	3
			1					

Puzzle 217:

								4
		9		4	2	7		
			7				9	3
		3	8		6		2	
	1						5	
	2		1		3	6		
7	5				4			
		2	5	8		9		
3								

Puzzle 218:

3				9				4
6			2				9	
	4		7		3	1		
		5						7
1	9						8	3
7						9		
		7	3		8		4	
	6				7			8
4				5				9

7			5	8			1	3
			3					
	5				7			
8	9					5	6	
		7		5		2		
	3	5					8	1
			4				2	
					3			
6	1			9	2			8

					8		2	
		8				3		
3		5		2	7	1		6
						2		1
	8		1		6		4	
1		4						
8		1	2	9		5		7
		7				4		
	2		6					

2 2 1

		2		9				
		6		3				9
		9	1			3	7	2
	7							1
			9		8			
9							4	
1	6	4			2	5		
3				8		1		
				6		2		

2 2 2

2			8					1
3	7		5		4			
9			3			5	6	
	5							6
			9	3	7			
7							3	
	3	4			1			9
			6		3		8	7
8					9			3

223

		8		2				5
2			1				9	6
	1				8		2	4
			7		4		6	
				9				
	7		2		6			
4	2		8				5	
3	5				1			8
1				5		6		

224

4	6			1				5
3	5							
	8	2	7			6		
			4				2	3
		3	2		1	5		
6	2				7			
		4			6	2	8	
							5	6
9				2			4	1

118

5		4		7		1		
			3			8		4
	7				4		6	
4								
9		1		8		4		6
								2
	9		6				2	
3		7			2			
		2		3		9		1

			2					
	8	7		5	3	2	4	
3				9		1	7	
	7	1						
	3		4		1		8	
						9	5	
	1	3		4				8
	5	2	9	3		4	1	
				2				

Puzzle 227

		7				2	6	9
	9					1		
		5	2				3	
9			7	3				4
				8				
7				2	4			1
	7				8	3		
		6					9	
3	5	1				7		

Puzzle 228

	8					7		
		6	4		8			
	9			1	3			
		1					6	5
8			1		6			7
6	7					9		
			7	2		3		
			8		5	4		
		4				9		

229

					7	4		
7			9					2
4	1					7	8	
9		7					1	
		1		2		6		
	6					8		7
	9	5					7	4
1				4				3
		4	6					

230

	3	8		5				
2								5
		1	3			7		
					6	8		2
8			5		2			9
1		7	9					
		2			3	1		
6								8
			9			2	4	

231

					4	2		
3	9					5		
		6	9				1	8
				7	8			6
5				3				7
8			4	9				
6	4				5	8		
		3					4	1
		8	2					

232

1								9
	5		6			1	3	
	9				2			6
		5		1				
		3	2		8	6		
				4		8		
2			3				8	
	8	7			5		1	
5								3

Puzzle 2 3 3

8			9		1	2		
	7			5			9	
	5		8					4
				1	7			
		8				1		
			2	8				
3					5		7	
	1			4			3	
		4	7		3			9

Puzzle 2 3 4

		4	8	2		6	7	
				7				8
		3		4			2	
8						1		
	7		3		4		8	
		1						3
	2			6		5		
1				3				
	5	6		8	1	3		

	8	4			2	3		
				9				
2		6		7			8	
	3	2						1
5				8				2
8						7	3	
	7			5		2		8
				6				
		5	8			9	1	

			5			6	1	
2		9						
		5	4		7			3
6				5			3	
	2		7		8		6	
	8			9				1
4			8		5	9		
						3		4
	7	6			3			

4					3	1		2
	5	2	9					
			7	2			6	
	3	9	4					
					9	7	4	
	9			1	5			
					6	9	8	
5		6	2					4

	1		8		9			5
8			1			3		
3				7	4			
	3		9			5	8	
	9	8			3		2	
			7	2				1
		1			8			6
2			3		1		9	

2		7	1					
	4	9			7			
		1			2		9	
7						4	3	
	5			8			7	
	8	2						9
	2		8			7		
			4			3	1	
					6	9		4

	3			9	1			
		5					2	
			8	2	7		4	
	7					8		2
8								1
9		6					7	
	1		3	8	5			
	9					7		
			7	4			1	

Puzzle 241

	2							5
		3	8	5	6			
	7				4		1	
2	3					1		
		4		3		5		
		1					2	9
	4		1				9	
			6	9	5	2		
6							5	

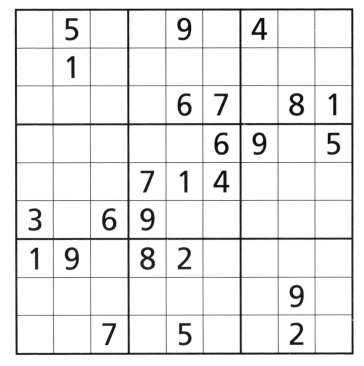

Puzzle 242

	5			9		4		
	1							
				6	7		8	1
					6	9		5
			7	1	4			
3		6	9					
1	9		8	2				
							9	
		7		5			2	

1

3	9	8	2	1	6	7	4	5
6	1	4	7	3	5	9	2	8
5	7	2	4	8	9	3	1	6
8	5	7	9	2	4	6	3	1
2	6	9	1	5	3	8	7	4
4	3	1	6	7	8	5	9	2
7	2	3	8	6	1	4	5	9
9	8	5	3	4	2	1	6	7
1	4	6	5	9	7	2	8	3

2

9	5	1	2	8	7	6	4	3
3	6	2	9	1	4	5	7	8
7	4	8	6	5	3	9	2	1
6	3	9	4	2	8	7	1	5
8	2	4	1	7	5	3	9	6
5	1	7	3	6	9	4	8	2
2	9	5	8	4	6	1	3	7
4	8	6	7	3	1	2	5	9
1	7	3	5	9	2	8	6	4

3

5	3	2	7	1	4	6	8	9
9	1	6	8	3	5	7	2	4
4	7	8	9	2	6	3	1	5
8	4	3	6	9	2	1	5	7
2	5	9	4	7	1	8	3	6
7	6	1	5	8	3	4	9	2
6	8	5	3	4	9	2	7	1
1	9	7	2	6	8	5	4	3
3	2	4	1	5	7	9	6	8

4

1	8	9	2	4	3	6	5	7
6	2	3	5	9	7	8	4	1
7	4	5	1	6	8	9	3	2
3	5	2	7	8	6	4	1	9
8	6	7	4	1	9	5	2	3
9	1	4	3	5	2	7	8	6
5	7	1	6	2	4	3	9	8
2	9	6	8	3	5	1	7	4
4	3	8	9	7	1	2	6	5

5

9	8	7	4	5	1	6	2	3
5	4	1	6	2	3	9	8	7
3	2	6	8	7	9	1	4	5
8	3	9	2	4	7	5	6	1
1	5	2	9	6	8	7	3	4
7	6	4	1	3	5	8	9	2
2	9	3	7	1	6	4	5	8
4	7	8	5	9	2	3	1	6
6	1	5	3	8	4	2	7	9

6

7	9	6	3	5	8	4	1	2
8	3	1	9	2	4	6	7	5
4	5	2	1	7	6	9	8	3
9	6	3	5	1	7	2	4	8
1	2	8	4	3	9	7	5	6
5	7	4	8	6	2	1	3	9
3	4	5	6	9	1	8	2	7
2	8	9	7	4	3	5	6	1
6	1	7	2	8	5	3	9	4

7

7	2	6	3	4	9	8	5	1
9	1	3	8	5	7	6	2	4
5	4	8	6	2	1	9	7	3
3	5	2	4	7	8	1	9	6
8	7	4	1	9	6	5	3	2
1	6	9	5	3	2	7	4	8
2	9	1	7	6	3	4	8	5
6	3	5	9	8	4	2	1	7
4	8	7	2	1	5	3	6	9

8

8	5	9	6	3	1	4	7	2
7	4	2	9	8	5	3	1	6
6	1	3	2	4	7	9	5	8
1	8	7	4	2	6	5	9	3
9	6	4	5	7	3	8	2	1
3	2	5	8	1	9	6	4	7
5	3	8	7	9	2	1	6	4
2	9	1	3	6	4	7	8	5
4	7	6	1	5	8	2	3	9

9

4	9	1	3	8	5	6	2	7
3	7	8	1	2	6	4	5	9
5	2	6	9	7	4	8	3	1
7	4	3	5	1	8	2	9	6
8	5	9	7	6	2	3	1	4
6	1	2	4	3	9	5	7	8
1	8	7	2	4	3	9	6	5
2	6	5	8	9	7	1	4	3
9	3	4	6	5	1	7	8	2

10

4	8	1	9	5	2	3	7	6
5	3	9	6	8	7	1	2	4
6	2	7	4	3	1	9	5	8
8	5	2	7	9	4	6	1	3
9	1	3	2	6	5	8	4	7
7	6	4	3	1	8	5	9	2
2	9	8	1	7	3	4	6	5
3	7	6	5	4	9	2	8	1
1	4	5	8	2	6	7	3	9

11

7	1	3	8	6	2	9	4	5
9	6	8	3	4	5	1	7	2
2	5	4	7	9	1	8	3	6
6	3	9	4	2	7	5	8	1
4	8	5	9	1	6	7	2	3
1	2	7	5	3	8	4	6	9
8	7	6	1	5	3	2	9	4
3	9	1	2	7	4	6	5	8
5	4	2	6	8	9	3	1	7

12

8	4	6	5	3	1	7	2	9
7	9	3	8	6	2	4	5	1
2	5	1	4	9	7	3	6	8
6	7	2	9	8	5	1	3	4
5	3	4	7	1	6	8	9	2
9	1	8	2	4	3	6	7	5
1	2	9	6	7	8	5	4	3
4	8	7	3	5	9	2	1	6
3	6	5	1	2	4	9	8	7

13

3	1	2	8	7	5	9	6	4
9	8	4	2	3	6	7	1	5
7	5	6	1	9	4	8	3	2
8	2	3	5	4	7	6	9	1
1	4	5	9	6	8	3	2	7
6	7	9	3	2	1	4	5	8
5	6	1	7	8	3	2	4	9
2	3	7	4	5	9	1	8	6
4	9	8	6	1	2	5	7	3

14

4	3	9	8	2	1	7	5	6
2	8	5	6	4	7	3	1	9
1	7	6	5	3	9	4	8	2
7	6	1	9	8	3	2	4	5
3	9	2	7	5	4	8	6	1
8	5	4	1	6	2	9	7	3
9	1	3	4	7	5	6	2	8
6	2	7	3	1	8	5	9	4
5	4	8	2	9	6	1	3	7

15

6	5	1	3	9	2	7	4	8
9	2	8	4	5	7	6	1	3
7	3	4	6	8	1	5	9	2
2	4	6	7	1	3	8	5	9
8	9	3	5	6	4	2	7	1
5	1	7	9	2	8	3	6	4
4	6	9	2	3	5	1	8	7
1	7	2	8	4	6	9	3	5
3	8	5	1	7	9	4	2	6

16

2	5	9	1	8	4	3	6	7
7	1	6	9	3	2	5	8	4
3	4	8	7	6	5	9	2	1
5	3	7	4	9	6	8	1	2
8	2	1	3	5	7	4	9	6
9	6	4	8	2	1	7	5	3
1	9	3	2	4	8	6	7	5
4	7	5	6	1	9	2	3	8
6	8	2	5	7	3	1	4	9

17

4	3	2	7	8	9	5	1	6
6	8	1	3	4	5	9	2	7
5	9	7	1	6	2	4	3	8
7	1	8	6	5	4	2	9	3
3	4	5	9	2	7	6	8	1
2	6	9	8	1	3	7	4	5
1	2	6	5	9	8	3	7	4
8	7	4	2	3	6	1	5	9
9	5	3	4	7	1	8	6	2

18

6	1	2	7	9	8	5	3	4
4	8	5	3	1	2	9	7	6
9	3	7	6	4	5	2	1	8
7	5	1	4	8	6	3	2	9
2	9	4	5	7	3	8	6	1
8	6	3	9	2	1	4	5	7
5	4	6	8	3	7	1	9	2
1	7	8	2	5	9	6	4	3
3	2	9	1	6	4	7	8	5

19

5	9	4	6	3	7	2	1	8
7	3	8	5	1	2	4	6	9
6	1	2	8	9	4	5	3	7
1	5	6	3	4	8	7	9	2
8	4	3	2	7	9	6	5	1
2	7	9	1	5	6	3	8	4
3	2	1	4	8	5	9	7	6
9	6	5	7	2	1	8	4	3
4	8	7	9	6	3	1	2	5

20

8	7	6	1	9	5	4	2	3
3	9	1	2	6	4	7	5	8
4	5	2	7	3	8	6	1	9
7	2	8	5	4	6	9	3	1
5	4	9	8	1	3	2	6	7
6	1	3	9	7	2	8	4	5
9	8	4	3	2	1	5	7	6
2	3	7	6	5	9	1	8	4
1	6	5	4	8	7	3	9	2

21

4	6	3	8	2	1	5	9	7
9	5	2	6	4	7	8	1	3
1	7	8	3	5	9	6	2	4
5	3	6	4	9	8	2	7	1
2	8	4	7	1	3	9	5	6
7	9	1	5	6	2	4	3	8
8	4	9	1	7	5	3	6	2
6	2	7	9	3	4	1	8	5
3	1	5	2	8	6	7	4	9

22

9	3	6	5	2	8	1	4	7
1	7	8	6	3	4	2	5	9
4	2	5	1	9	7	8	3	6
3	1	4	8	5	9	7	6	2
5	8	9	2	7	6	3	1	4
7	6	2	4	1	3	9	8	5
6	4	3	7	8	2	5	9	1
2	9	1	3	4	5	6	7	8
8	5	7	9	6	1	4	2	3

23

9	8	2	3	6	7	4	1	5
5	4	1	8	9	2	6	7	3
7	6	3	5	1	4	9	2	8
8	2	5	4	3	6	7	9	1
3	9	6	7	8	1	5	4	2
4	1	7	2	5	9	3	8	6
1	7	9	6	2	5	8	3	4
6	3	4	1	7	8	2	5	9
2	5	8	9	4	3	1	6	7

24

9	6	8	7	4	2	1	3	5
4	7	5	8	3	1	2	6	9
1	2	3	9	5	6	8	7	4
7	1	9	2	8	5	6	4	3
2	8	6	3	7	4	9	5	1
5	3	4	1	6	9	7	2	8
3	9	2	5	1	7	4	8	6
8	4	7	6	9	3	5	1	2
6	5	1	4	2	8	3	9	7

25

5	2	4	3	6	7	9	1	8
1	8	3	5	4	9	7	2	6
6	9	7	1	2	8	5	4	3
7	6	9	2	5	1	8	3	4
3	4	5	7	8	6	2	9	1
8	1	2	9	3	4	6	7	5
4	5	1	6	9	2	3	8	7
2	3	8	4	7	5	1	6	9
9	7	6	8	1	3	4	5	2

26

1	5	7	3	8	6	4	2	9
8	2	4	5	9	1	3	6	7
9	3	6	4	2	7	8	1	5
4	1	8	6	3	5	7	9	2
5	7	3	2	1	9	6	8	4
6	9	2	8	7	4	5	3	1
3	8	5	9	4	2	1	7	6
7	6	9	1	5	8	2	4	3
2	4	1	7	6	3	9	5	8

27

9	4	7	6	2	3	1	5	8
8	5	2	1	4	7	9	3	6
6	3	1	5	8	9	2	7	4
3	1	9	2	6	8	5	4	7
2	7	5	4	3	1	6	8	9
4	6	8	7	9	5	3	1	2
1	2	3	8	7	6	4	9	5
5	8	4	9	1	2	7	6	3
7	9	6	3	5	4	8	2	1

28

9	6	3	1	2	7	5	8	4
8	5	2	9	3	4	6	7	1
7	1	4	8	6	5	2	9	3
1	9	8	3	5	6	7	4	2
2	3	7	4	1	8	9	5	6
6	4	5	7	9	2	3	1	8
3	2	1	5	4	9	8	6	7
4	8	9	6	7	3	1	2	5
5	7	6	2	8	1	4	3	9

29

1	5	6	9	3	4	8	2	7
3	8	4	7	5	2	1	9	6
9	7	2	1	8	6	4	3	5
7	4	5	3	9	1	6	8	2
6	9	1	8	2	7	5	4	3
8	2	3	6	4	5	9	7	1
5	3	9	2	6	8	7	1	4
2	6	7	4	1	9	3	5	8
4	1	8	5	7	3	2	6	9

30

3	5	4	1	9	8	7	6	2
7	6	2	3	5	4	1	9	8
1	9	8	2	7	6	3	4	5
5	3	6	4	8	1	2	7	9
2	8	9	6	3	7	4	5	1
4	1	7	5	2	9	8	3	6
6	2	3	7	1	5	9	8	4
8	4	1	9	6	3	5	2	7
9	7	5	8	4	2	6	1	3

31

9	3	1	2	7	8	6	5	4
5	6	4	3	1	9	2	7	8
2	7	8	4	5	6	3	1	9
8	2	7	5	3	4	1	9	6
3	4	5	9	6	1	8	2	7
1	9	6	8	2	7	4	3	5
4	8	3	1	9	5	7	6	2
7	1	9	6	4	2	5	8	3
6	5	2	7	8	3	9	4	1

32

5	3	2	9	7	8	1	4	6
4	6	9	1	3	5	7	2	8
7	1	8	4	2	6	3	5	9
2	4	5	3	9	7	6	8	1
8	9	1	6	5	2	4	3	7
3	7	6	8	4	1	5	9	2
1	2	3	7	8	4	9	6	5
9	8	7	5	6	3	2	1	4
6	5	4	2	1	9	8	7	3

33

9	6	2	1	3	5	8	7	4
4	7	1	2	9	8	6	5	3
3	5	8	4	7	6	1	2	9
5	3	9	6	8	7	4	1	2
1	2	7	9	5	4	3	8	6
8	4	6	3	2	1	5	9	7
2	1	4	5	6	9	7	3	8
7	9	5	8	4	3	2	6	1
6	8	3	7	1	2	9	4	5

34

5	7	4	1	3	9	2	6	8
6	3	8	4	5	2	9	7	1
1	2	9	6	8	7	3	5	4
2	9	5	8	4	6	7	1	3
7	1	3	2	9	5	4	8	6
4	8	6	7	1	3	5	9	2
3	5	2	9	6	1	8	4	7
9	4	1	3	7	8	6	2	5
8	6	7	5	2	4	1	3	9

35

1	5	4	8	2	3	9	6	7
7	8	3	5	9	6	2	4	1
2	6	9	1	4	7	8	3	5
9	1	7	6	5	2	4	8	3
3	4	6	9	8	1	7	5	2
8	2	5	7	3	4	6	1	9
6	9	8	2	1	5	3	7	4
5	3	2	4	7	8	1	9	6
4	7	1	3	6	9	5	2	8

36

4	9	3	7	6	1	8	2	5
2	1	6	3	5	8	9	7	4
5	7	8	2	9	4	3	6	1
9	4	2	1	7	3	5	8	6
3	5	7	6	8	2	4	1	9
6	8	1	9	4	5	2	3	7
8	2	5	4	1	7	6	9	3
7	3	9	5	2	6	1	4	8
1	6	4	8	3	9	7	5	2

37

5	6	3	7	1	4	8	9	2
1	4	2	8	9	5	3	6	7
7	9	8	6	3	2	4	1	5
3	2	4	9	5	8	6	7	1
6	7	1	4	2	3	5	8	9
8	5	9	1	7	6	2	4	3
2	1	6	5	4	9	7	3	8
9	8	5	3	6	7	1	2	4
4	3	7	2	8	1	9	5	6

38

9	1	8	3	6	4	5	7	2
4	2	7	1	9	5	6	3	8
5	6	3	8	7	2	9	1	4
8	4	9	5	1	6	3	2	7
6	5	1	7	2	3	4	8	9
7	3	2	4	8	9	1	5	6
2	9	5	6	3	7	8	4	1
1	7	4	9	5	8	2	6	3
3	8	6	2	4	1	7	9	5

39

9	4	7	3	1	2	6	5	8
2	5	8	7	6	9	4	3	1
1	3	6	5	8	4	7	9	2
4	9	1	6	2	7	3	8	5
8	2	3	4	9	5	1	7	6
7	6	5	1	3	8	9	2	4
6	1	9	2	5	3	8	4	7
3	7	2	8	4	1	5	6	9
5	8	4	9	7	6	2	1	3

40

6	8	3	7	4	1	5	2	9
1	7	5	9	2	3	4	8	6
4	2	9	8	6	5	1	3	7
5	6	4	2	8	9	7	1	3
2	3	1	5	7	6	9	4	8
8	9	7	3	1	4	2	6	5
7	1	6	4	5	8	3	9	2
3	4	2	6	9	7	8	5	1
9	5	8	1	3	2	6	7	4

41

3	1	9	5	6	4	7	2	8
6	5	4	8	2	7	9	3	1
2	8	7	9	1	3	5	4	6
4	7	3	2	5	8	1	6	9
8	9	6	4	3	1	2	5	7
1	2	5	7	9	6	3	8	4
9	6	8	3	7	2	4	1	5
7	3	1	6	4	5	8	9	2
5	4	2	1	8	9	6	7	3

42

5	6	1	8	4	7	9	2	3
2	7	4	3	1	9	5	8	6
8	9	3	5	6	2	7	1	4
9	4	7	2	5	8	6	3	1
6	8	5	1	3	4	2	7	9
3	1	2	9	7	6	8	4	5
4	2	9	6	8	1	3	5	7
1	5	8	7	9	3	4	6	2
7	3	6	4	2	5	1	9	8

43

9	7	8	1	2	6	5	3	4
3	1	6	7	4	5	9	2	8
5	4	2	3	9	8	6	7	1
1	8	7	6	3	9	4	5	2
4	5	9	2	7	1	8	6	3
6	2	3	5	8	4	1	9	7
2	9	5	4	1	3	7	8	6
8	3	4	9	6	7	2	1	5
7	6	1	8	5	2	3	4	9

44

8	6	9	4	5	3	2	7	1
7	4	2	6	1	9	5	8	3
1	3	5	2	8	7	9	6	4
3	1	4	7	2	8	6	9	5
2	8	6	9	3	5	4	1	7
9	5	7	1	6	4	8	3	2
5	7	1	8	4	6	3	2	9
6	9	3	5	7	2	1	4	8
4	2	8	3	9	1	7	5	6

45

5	4	1	8	7	6	3	2	9
7	2	9	1	4	3	8	6	5
6	3	8	9	5	2	1	4	7
1	5	7	4	8	9	2	3	6
8	9	2	6	3	1	7	5	4
3	6	4	7	2	5	9	1	8
2	7	6	3	9	4	5	8	1
4	8	5	2	1	7	6	9	3
9	1	3	5	6	8	4	7	2

46

5	6	3	4	1	7	2	9	8
7	2	1	9	6	8	4	3	5
8	4	9	5	2	3	7	1	6
2	3	6	8	4	9	5	7	1
9	5	7	2	3	1	6	8	4
1	8	4	7	5	6	9	2	3
3	9	2	6	8	5	1	4	7
6	7	8	1	9	4	3	5	2
4	1	5	3	7	2	8	6	9

47

1	5	4	8	9	6	2	3	7
3	7	2	4	5	1	9	6	8
6	9	8	3	2	7	4	1	5
8	1	5	9	6	4	7	2	3
7	3	9	5	8	2	6	4	1
4	2	6	1	7	3	5	8	9
2	8	1	7	4	5	3	9	6
9	4	7	6	3	8	1	5	2
5	6	3	2	1	9	8	7	4

48

8	5	4	1	3	6	9	2	7
7	3	6	2	5	9	1	8	4
1	9	2	4	8	7	5	3	6
9	2	3	6	7	5	8	4	1
6	4	8	9	1	2	7	5	3
5	7	1	3	4	8	6	9	2
3	6	5	7	9	4	2	1	8
4	8	7	5	2	1	3	6	9
2	1	9	8	6	3	4	7	5

49

1	7	3	6	9	8	5	4	2
8	9	4	2	3	5	7	6	1
6	5	2	4	1	7	9	8	3
3	6	1	5	2	9	8	7	4
9	8	7	3	6	4	2	1	5
2	4	5	7	8	1	6	3	9
5	2	6	8	4	3	1	9	7
4	1	8	9	7	2	3	5	6
7	3	9	1	5	6	4	2	8

50

4	8	3	9	1	5	2	6	7
2	7	1	3	8	6	5	4	9
5	6	9	4	7	2	8	3	1
9	4	8	1	2	3	7	5	6
3	5	6	7	9	8	1	2	4
1	2	7	5	6	4	9	8	3
8	9	2	6	3	1	4	7	5
7	3	5	2	4	9	6	1	8
6	1	4	8	5	7	3	9	2

51

1	8	3	9	5	6	7	2	4
5	6	9	4	7	2	3	8	1
7	2	4	1	3	8	6	5	9
3	5	6	2	1	7	9	4	8
2	1	8	3	4	9	5	6	7
4	9	7	6	8	5	2	1	3
6	7	5	8	9	1	4	3	2
8	4	2	7	6	3	1	9	5
9	3	1	5	2	4	8	7	6

52

8	9	7	6	2	5	3	1	4
6	5	4	1	9	3	7	2	8
3	1	2	8	7	4	6	9	5
2	7	3	5	6	8	9	4	1
1	6	5	3	4	9	8	7	2
9	4	8	7	1	2	5	6	3
7	8	6	4	3	1	2	5	9
5	2	1	9	8	7	4	3	6
4	3	9	2	5	6	1	8	7

53

8	1	3	9	7	4	5	2	6
9	7	6	3	5	2	4	8	1
4	2	5	1	6	8	7	3	9
2	9	8	5	3	1	6	4	7
7	5	4	6	2	9	3	1	8
6	3	1	8	4	7	9	5	2
1	6	2	4	9	5	8	7	3
5	8	9	7	1	3	2	6	4
3	4	7	2	8	6	1	9	5

54

5	8	9	6	4	3	2	1	7
4	1	2	5	9	7	6	8	3
7	6	3	2	1	8	4	5	9
2	9	6	3	7	5	1	4	8
3	5	8	1	2	4	9	7	6
1	4	7	8	6	9	3	2	5
9	3	1	7	8	2	5	6	4
8	2	4	9	5	6	7	3	1
6	7	5	4	3	1	8	9	2

55

5	2	9	3	6	8	1	4	7
4	8	3	2	1	7	9	6	5
7	6	1	5	4	9	3	8	2
8	3	6	9	5	4	2	7	1
2	5	7	1	3	6	4	9	8
1	9	4	8	7	2	5	3	6
6	1	8	4	9	5	7	2	3
9	7	5	6	2	3	8	1	4
3	4	2	7	8	1	6	5	9

56

8	5	3	2	4	9	1	6	7
2	4	9	6	1	7	8	5	3
7	6	1	3	8	5	9	4	2
4	2	8	7	3	1	5	9	6
3	9	7	5	6	4	2	8	1
5	1	6	8	9	2	3	7	4
6	7	2	1	5	8	4	3	9
1	8	4	9	7	3	6	2	5
9	3	5	4	2	6	7	1	8

57

7	8	6	2	1	9	5	3	4
2	1	4	3	6	5	7	9	8
9	5	3	7	8	4	1	2	6
3	2	7	4	9	8	6	5	1
4	9	1	6	5	3	2	8	7
5	6	8	1	7	2	9	4	3
6	3	9	5	4	7	8	1	2
8	7	2	9	3	1	4	6	5
1	4	5	8	2	6	3	7	9

58

5	7	8	6	3	9	2	1	4
1	2	9	7	4	5	3	6	8
4	3	6	2	1	8	5	7	9
3	4	1	5	2	7	9	8	6
9	6	2	3	8	1	4	5	7
8	5	7	4	9	6	1	2	3
6	1	3	8	5	4	7	9	2
7	9	4	1	6	2	8	3	5
2	8	5	9	7	3	6	4	1

59

6	1	5	8	2	3	4	9	7
7	9	2	4	1	5	8	3	6
4	3	8	6	7	9	2	1	5
9	7	6	5	3	8	1	2	4
2	4	1	9	6	7	5	8	3
8	5	3	2	4	1	6	7	9
3	6	4	7	8	2	9	5	1
5	8	7	1	9	4	3	6	2
1	2	9	3	5	6	7	4	8

60

2	9	1	7	4	5	6	3	8
6	4	3	9	2	8	1	5	7
8	7	5	1	3	6	4	2	9
1	8	2	6	5	3	9	7	4
5	3	4	8	7	9	2	1	6
9	6	7	4	1	2	3	8	5
4	2	9	5	8	1	7	6	3
7	1	8	3	6	4	5	9	2
3	5	6	2	9	7	8	4	1

61

3	9	7	1	6	4	2	8	5
1	8	4	7	5	2	6	9	3
5	2	6	3	8	9	4	7	1
8	4	9	6	3	7	5	1	2
6	1	5	4	2	8	7	3	9
2	7	3	9	1	5	8	4	6
9	6	2	8	4	1	3	5	7
4	3	1	5	7	6	9	2	8
7	5	8	2	9	3	1	6	4

62

5	4	6	2	1	9	8	3	7
7	8	9	4	3	5	2	6	1
3	2	1	6	8	7	4	9	5
4	6	7	3	2	1	9	5	8
2	1	5	8	9	4	3	7	6
9	3	8	5	7	6	1	4	2
8	5	3	7	4	2	6	1	9
6	9	4	1	5	8	7	2	3
1	7	2	9	6	3	5	8	4

63

1	7	6	3	4	9	8	2	5
9	2	4	8	1	5	6	3	7
5	8	3	2	7	6	1	9	4
4	9	7	6	3	1	5	8	2
6	1	2	5	8	7	9	4	3
8	3	5	9	2	4	7	6	1
7	6	9	4	5	3	2	1	8
3	5	8	1	9	2	4	7	6
2	4	1	7	6	8	3	5	9

64

9	2	6	1	7	8	5	3	4
5	7	4	9	2	3	6	1	8
1	3	8	4	6	5	9	2	7
2	4	5	7	8	6	1	9	3
6	1	3	5	9	4	7	8	2
8	9	7	3	1	2	4	6	5
7	6	2	8	4	9	3	5	1
3	8	1	6	5	7	2	4	9
4	5	9	2	3	1	8	7	6

65

6	9	2	8	4	7	3	5	1
4	8	7	3	5	1	9	6	2
5	3	1	9	6	2	4	7	8
8	6	9	4	1	5	2	3	7
7	2	5	6	8	3	1	9	4
3	1	4	7	2	9	5	8	6
1	4	8	5	9	6	7	2	3
2	5	3	1	7	8	6	4	9
9	7	6	2	3	4	8	1	5

66

8	4	9	6	5	3	1	7	2
2	3	6	8	7	1	4	9	5
5	7	1	4	9	2	6	3	8
9	2	4	3	8	7	5	1	6
3	1	8	9	6	5	2	4	7
7	6	5	1	2	4	3	8	9
1	5	7	2	3	9	8	6	4
6	9	3	5	4	8	7	2	1
4	8	2	7	1	6	9	5	3

67

9	2	6	8	4	3	1	7	5
7	8	4	2	1	5	3	6	9
1	5	3	7	6	9	4	8	2
5	1	9	3	8	4	6	2	7
6	7	2	9	5	1	8	4	3
3	4	8	6	2	7	9	5	1
4	9	1	5	7	6	2	3	8
2	6	5	1	3	8	7	9	4
8	3	7	4	9	2	5	1	6

68

3	8	1	4	9	6	2	5	7
5	7	4	3	8	2	9	6	1
9	2	6	5	7	1	3	4	8
6	4	8	7	2	9	1	3	5
7	5	9	6	1	3	8	2	4
1	3	2	8	4	5	6	7	9
8	9	7	2	6	4	5	1	3
2	1	5	9	3	7	4	8	6
4	6	3	1	5	8	7	9	2

69

1	5	2	9	4	3	7	6	8
6	9	7	8	2	1	5	3	4
4	8	3	5	6	7	9	1	2
5	2	8	3	7	6	1	4	9
9	1	6	2	5	4	8	7	3
7	3	4	1	8	9	6	2	5
8	7	5	4	1	2	3	9	6
2	6	9	7	3	8	4	5	1
3	4	1	6	9	5	2	8	7

70

2	8	3	9	1	7	5	4	6
4	7	6	8	3	5	2	9	1
5	1	9	6	4	2	7	3	8
9	5	7	2	6	8	4	1	3
3	6	8	1	5	4	9	7	2
1	2	4	7	9	3	8	6	5
7	4	1	5	2	6	3	8	9
6	3	5	4	8	9	1	2	7
8	9	2	3	7	1	6	5	4

71

7	3	1	8	6	4	5	2	9
4	6	5	2	9	7	3	8	1
9	8	2	5	3	1	4	6	7
2	1	7	6	5	9	8	4	3
6	4	8	1	2	3	9	7	5
3	5	9	4	7	8	2	1	6
5	2	4	9	1	6	7	3	8
8	7	6	3	4	5	1	9	2
1	9	3	7	8	2	6	5	4

72

8	6	5	9	4	2	7	1	3
9	2	3	5	7	1	4	8	6
1	7	4	8	3	6	9	5	2
7	3	9	4	1	8	2	6	5
2	5	6	3	9	7	1	4	8
4	8	1	2	6	5	3	7	9
6	1	2	7	8	3	5	9	4
5	4	7	6	2	9	8	3	1
3	9	8	1	5	4	6	2	7

73

9	5	1	8	6	3	2	7	4
8	2	3	4	5	7	1	9	6
7	6	4	2	1	9	8	3	5
3	4	8	1	2	6	9	5	7
5	7	2	9	8	4	3	6	1
1	9	6	3	7	5	4	2	8
2	3	5	6	4	1	7	8	9
6	1	9	7	3	8	5	4	2
4	8	7	5	9	2	6	1	3

74

1	7	5	4	3	6	8	2	9
9	8	2	1	5	7	3	4	6
4	6	3	8	2	9	7	5	1
5	9	8	7	1	2	4	6	3
2	3	6	9	8	4	1	7	5
7	4	1	3	6	5	9	8	2
6	1	9	2	7	8	5	3	4
8	2	4	5	9	3	6	1	7
3	5	7	6	4	1	2	9	8

75

5	4	2	8	1	7	9	6	3
3	7	1	2	6	9	5	4	8
6	8	9	3	5	4	7	2	1
9	3	6	4	8	1	2	5	7
2	5	8	6	7	3	1	9	4
7	1	4	5	9	2	8	3	6
4	9	7	1	2	6	3	8	5
8	2	3	7	4	5	6	1	9
1	6	5	9	3	8	4	7	2

76

7	8	3	4	5	9	1	2	6
6	9	4	8	1	2	3	7	5
1	2	5	3	7	6	9	4	8
4	6	9	5	3	1	2	8	7
2	5	8	9	4	7	6	1	3
3	1	7	6	2	8	4	5	9
8	7	6	2	9	4	5	3	1
9	3	2	1	8	5	7	6	4
5	4	1	7	6	3	8	9	2

77

2	8	6	5	7	3	1	4	9
3	7	4	2	1	9	8	6	5
1	9	5	8	6	4	3	7	2
4	5	2	9	3	1	6	8	7
9	6	7	4	8	5	2	3	1
8	1	3	7	2	6	5	9	4
5	2	8	6	9	7	4	1	3
7	4	1	3	5	8	9	2	6
6	3	9	1	4	2	7	5	8

78

4	6	9	2	5	8	7	3	1
1	8	5	6	3	7	9	2	4
2	3	7	9	4	1	8	6	5
5	9	2	3	8	4	1	7	6
7	4	6	1	2	5	3	8	9
8	1	3	7	9	6	5	4	2
6	2	8	5	1	3	4	9	7
3	7	1	4	6	9	2	5	8
9	5	4	8	7	2	6	1	3

79

3	2	9	5	1	6	4	8	7
1	6	5	7	8	4	3	2	9
7	4	8	9	2	3	1	6	5
9	8	2	1	3	7	5	4	6
6	3	1	2	4	5	9	7	8
4	5	7	6	9	8	2	3	1
5	1	3	8	6	2	7	9	4
8	9	4	3	7	1	6	5	2
2	7	6	4	5	9	8	1	3

80

7	3	9	5	1	6	8	2	4
6	8	5	3	2	4	7	1	9
1	4	2	9	8	7	5	3	6
2	6	1	8	3	9	4	7	5
8	9	4	1	7	5	3	6	2
3	5	7	6	4	2	9	8	1
5	2	6	7	9	3	1	4	8
4	7	8	2	5	1	6	9	3
9	1	3	4	6	8	2	5	7

8/1

3	5	4	6	7	1	8	2	9
2	9	6	5	4	8	1	7	3
7	1	8	3	2	9	6	4	5
4	2	9	7	1	6	5	3	8
5	8	1	2	9	3	7	6	4
6	7	3	4	8	5	2	9	1
1	4	2	8	3	7	9	5	6
8	3	5	9	6	2	4	1	7
9	6	7	1	5	4	3	8	2

8/2

8	9	3	4	1	5	7	2	6
4	1	6	3	7	2	5	9	8
5	7	2	6	8	9	4	3	1
2	5	4	1	6	3	8	7	9
9	8	1	7	2	4	6	5	3
6	3	7	9	5	8	2	1	4
7	4	5	8	3	1	9	6	2
1	2	8	5	9	6	3	4	7
3	6	9	2	4	7	1	8	5

8/3

1	8	4	5	2	7	3	9	6
5	7	6	8	3	9	2	4	1
9	3	2	6	1	4	5	7	8
3	5	8	9	4	1	6	2	7
4	9	1	2	7	6	8	5	3
6	2	7	3	8	5	4	1	9
2	4	3	1	9	8	7	6	5
7	1	5	4	6	3	9	8	2
8	6	9	7	5	2	1	3	4

8/4

9	6	2	4	3	7	8	1	5
8	5	1	9	6	2	4	7	3
4	7	3	8	1	5	9	2	6
3	2	4	1	8	9	5	6	7
1	9	6	5	7	3	2	8	4
7	8	5	2	4	6	1	3	9
5	1	7	3	2	4	6	9	8
2	3	9	6	5	8	7	4	1
6	4	8	7	9	1	3	5	2

8/5

4	3	6	8	9	1	7	2	5
2	7	5	3	4	6	9	1	8
8	9	1	7	5	2	3	4	6
5	8	4	1	2	9	6	7	3
9	1	7	6	3	4	5	8	2
3	6	2	5	7	8	4	9	1
7	2	8	4	6	3	1	5	9
1	4	3	9	8	5	2	6	7
6	5	9	2	1	7	8	3	4

8/6

4	8	3	5	7	6	2	1	9
1	5	2	9	4	3	6	8	7
9	6	7	8	1	2	4	3	5
7	9	4	2	5	8	1	6	3
3	2	5	4	6	1	9	7	8
6	1	8	3	9	7	5	2	4
2	7	9	6	3	4	8	5	1
8	4	1	7	2	5	3	9	6
5	3	6	1	8	9	7	4	2

8/7

9	4	6	1	7	3	5	8	2
5	8	7	2	4	9	6	3	1
3	1	2	8	6	5	9	4	7
7	2	9	3	5	6	8	1	4
1	6	3	7	8	4	2	9	5
8	5	4	9	2	1	7	6	3
4	3	8	5	9	2	1	7	6
6	9	5	4	1	7	3	2	8
2	7	1	6	3	8	4	5	9

8/8

5	6	9	7	2	8	4	3	1
8	7	2	1	3	4	5	9	6
4	3	1	9	5	6	7	2	8
1	4	5	8	6	2	9	7	3
7	2	3	4	1	9	8	6	5
6	9	8	3	7	5	1	4	2
9	8	6	5	4	3	2	1	7
2	5	7	6	9	1	3	8	4
3	1	4	2	8	7	6	5	9

89

4	8	7	6	9	3	1	2	5
5	9	1	4	2	7	3	6	8
2	6	3	1	8	5	7	4	9
3	7	2	5	1	4	8	9	6
8	1	4	2	6	9	5	3	7
9	5	6	7	3	8	4	1	2
6	2	8	3	7	1	9	5	4
1	4	9	8	5	2	6	7	3
7	3	5	9	4	6	2	8	1

90

2	5	6	8	1	4	3	9	7
9	3	8	5	7	2	6	1	4
1	4	7	9	3	6	5	8	2
6	1	5	2	8	7	4	3	9
3	8	9	6	4	5	7	2	1
7	2	4	3	9	1	8	6	5
4	6	1	7	2	8	9	5	3
8	7	3	1	5	9	2	4	6
5	9	2	4	6	3	1	7	8

91

4	9	2	5	8	6	7	1	3
6	7	8	3	2	1	5	9	4
3	1	5	4	7	9	6	2	8
8	5	7	1	6	2	3	4	9
2	3	9	7	4	8	1	5	6
1	6	4	9	3	5	2	8	7
5	2	3	6	9	4	8	7	1
7	4	1	8	5	3	9	6	2
9	8	6	2	1	7	4	3	5

92

9	2	4	3	5	1	6	7	8
5	7	8	9	4	6	1	3	2
1	3	6	2	7	8	4	9	5
4	6	3	1	8	2	9	5	7
7	8	1	5	6	9	3	2	4
2	5	9	7	3	4	8	1	6
3	4	5	8	1	7	2	6	9
8	9	7	6	2	3	5	4	1
6	1	2	4	9	5	7	8	3

93

1	6	7	3	9	5	8	2	4
2	4	5	1	6	8	7	9	3
3	9	8	7	4	2	1	6	5
5	3	4	8	1	9	6	7	2
6	8	9	5	2	7	3	4	1
7	2	1	6	3	4	5	8	9
9	7	6	4	5	1	2	3	8
8	5	2	9	7	3	4	1	6
4	1	3	2	8	6	9	5	7

94

9	3	5	1	2	4	8	7	6
4	6	2	5	7	8	1	9	3
7	8	1	3	9	6	4	5	2
6	5	7	8	4	9	2	3	1
2	9	8	7	1	3	5	6	4
3	1	4	6	5	2	9	8	7
1	7	3	2	8	5	6	4	9
8	4	6	9	3	1	7	2	5
5	2	9	4	6	7	3	1	8

95

4	6	2	1	8	5	3	9	7
8	9	7	2	6	3	4	1	5
5	1	3	7	4	9	8	2	6
6	2	1	3	9	4	7	5	8
9	3	5	6	7	8	1	4	2
7	8	4	5	2	1	9	6	3
2	4	9	8	3	6	5	7	1
1	7	8	4	5	2	6	3	9
3	5	6	9	1	7	2	8	4

96

7	1	2	4	9	6	8	5	3
5	9	3	1	7	8	6	4	2
6	4	8	2	5	3	1	9	7
1	5	7	8	4	2	3	6	9
4	8	6	9	3	5	7	2	1
3	2	9	7	6	1	4	8	5
8	6	5	3	2	7	9	1	4
2	7	4	6	1	9	5	3	8
9	3	1	5	8	4	2	7	6

5	2	9	7	8	6	4	3	1
7	1	6	3	9	4	2	5	8
3	8	4	5	1	2	9	6	7
8	7	2	4	3	1	6	9	5
4	5	1	9	6	7	8	2	3
9	6	3	2	5	8	1	7	4
1	9	5	8	2	3	7	4	6
2	4	8	6	7	5	3	1	9
6	3	7	1	4	9	5	8	2

6	1	2	5	7	8	9	3	4
7	4	5	6	9	3	2	8	1
8	3	9	2	4	1	5	7	6
4	8	3	7	2	6	1	9	5
5	6	1	8	3	9	7	4	2
2	9	7	4	1	5	3	6	8
3	7	4	1	6	2	8	5	9
9	2	8	3	5	4	6	1	7
1	5	6	9	8	7	4	2	3

1	5	9	4	3	6	8	2	7
3	4	6	2	7	8	5	1	9
8	7	2	5	9	1	6	4	3
4	3	7	1	8	2	9	6	5
5	6	8	3	4	9	1	7	2
2	9	1	6	5	7	3	8	4
7	1	5	8	2	3	4	9	6
9	8	3	7	6	4	2	5	1
6	2	4	9	1	5	7	3	8

8	7	2	1	4	9	5	3	6
4	6	5	7	8	3	2	9	1
3	1	9	2	6	5	7	4	8
5	8	3	6	7	4	9	1	2
9	2	7	5	1	8	3	6	4
6	4	1	9	3	2	8	7	5
2	5	6	4	9	7	1	8	3
7	3	4	8	2	1	6	5	9
1	9	8	3	5	6	4	2	7

4	7	2	1	8	9	3	5	6
8	5	6	3	4	2	7	9	1
3	9	1	5	7	6	4	8	2
1	8	4	7	5	3	6	2	9
2	6	5	4	9	8	1	3	7
9	3	7	2	6	1	5	4	8
6	1	9	8	3	5	2	7	4
7	2	3	9	1	4	8	6	5
5	4	8	6	2	7	9	1	3

3	5	7	1	2	4	9	8	6
1	2	4	9	6	8	3	7	5
6	9	8	7	3	5	2	1	4
8	7	9	6	4	1	5	2	3
5	1	2	8	9	3	4	6	7
4	6	3	2	5	7	1	9	8
7	8	5	4	1	9	6	3	2
9	4	6	3	7	2	8	5	1
2	3	1	5	8	6	7	4	9

7	3	8	4	9	1	6	2	5
2	5	1	3	8	6	4	9	7
9	4	6	2	7	5	8	1	3
4	2	5	6	3	9	1	7	8
6	1	3	8	4	7	2	5	9
8	9	7	1	5	2	3	4	6
3	7	4	9	2	8	5	6	1
5	6	2	7	1	3	9	8	4
1	8	9	5	6	4	7	3	2

2	4	5	9	1	7	3	8	6
1	7	3	6	8	4	9	5	2
9	8	6	5	2	3	7	1	4
3	2	9	8	4	5	1	6	7
4	1	8	2	7	6	5	9	3
5	6	7	1	3	9	4	2	8
8	3	2	7	9	1	6	4	5
7	5	1	4	6	8	2	3	9
6	9	4	3	5	2	8	7	1

105

1	6	7	9	3	5	4	2	8
2	5	4	7	8	1	9	3	6
8	9	3	6	2	4	1	7	5
5	2	9	8	4	7	3	6	1
7	1	8	3	9	6	5	4	2
3	4	6	1	5	2	8	9	7
6	8	5	4	7	3	2	1	9
9	3	1	2	6	8	7	5	4
4	7	2	5	1	9	6	8	3

106

5	7	8	9	1	3	4	6	2
2	6	4	8	5	7	1	3	9
1	9	3	4	6	2	8	7	5
8	4	2	6	9	5	3	1	7
6	1	5	7	3	8	2	9	4
7	3	9	1	2	4	6	5	8
9	2	6	5	8	1	7	4	3
4	8	1	3	7	9	5	2	6
3	5	7	2	4	6	9	8	1

107

5	7	8	3	2	4	6	1	9
6	4	1	8	9	7	2	3	5
3	9	2	6	5	1	4	7	8
1	2	7	4	6	9	5	8	3
4	6	3	7	8	5	1	9	2
8	5	9	1	3	2	7	4	6
9	3	4	5	1	6	8	2	7
2	1	6	9	7	8	3	5	4
7	8	5	2	4	3	9	6	1

108

4	8	7	9	3	6	5	1	2
6	9	2	7	1	5	4	3	8
1	5	3	4	2	8	9	6	7
7	6	9	2	8	4	1	5	3
3	1	5	6	7	9	2	8	4
2	4	8	1	5	3	6	7	9
9	7	4	8	6	1	3	2	5
5	2	6	3	9	7	8	4	1
8	3	1	5	4	2	7	9	6

109

1	9	2	5	7	8	6	4	3
7	3	4	6	1	2	9	8	5
8	5	6	9	4	3	7	1	2
2	4	7	1	5	6	8	3	9
9	1	8	7	3	4	5	2	6
3	6	5	8	2	9	4	7	1
4	7	9	3	6	1	2	5	8
6	2	1	4	8	5	3	9	7
5	8	3	2	9	7	1	6	4

110

9	1	8	3	7	4	5	6	2
7	6	2	1	8	5	9	4	3
5	4	3	2	6	9	1	7	8
6	5	1	9	2	3	7	8	4
3	9	7	4	1	8	6	2	5
2	8	4	7	5	6	3	9	1
1	2	5	8	9	7	4	3	6
4	7	6	5	3	2	8	1	9
8	3	9	6	4	1	2	5	7

111

2	4	9	6	3	8	7	5	1
6	3	1	5	2	7	4	8	9
8	5	7	9	4	1	3	2	6
9	2	8	3	1	5	6	4	7
5	1	6	8	7	4	2	9	3
3	7	4	2	9	6	5	1	8
4	9	3	7	8	2	1	6	5
7	6	2	1	5	9	8	3	4
1	8	5	4	6	3	9	7	2

112

3	5	9	4	7	6	8	2	1
4	7	1	5	8	2	9	6	3
2	8	6	9	1	3	5	7	4
1	9	3	8	4	7	6	5	2
6	4	5	2	3	9	1	8	7
8	2	7	1	6	5	4	3	9
9	3	4	7	5	8	2	1	6
7	1	8	6	2	4	3	9	5
5	6	2	3	9	1	7	4	8

113

8	5	9	7	3	4	1	2	6
7	3	6	1	2	5	9	4	8
2	4	1	6	8	9	7	3	5
4	2	3	9	6	1	5	8	7
9	7	8	5	4	2	6	1	3
6	1	5	3	7	8	4	9	2
3	8	7	4	1	6	2	5	9
5	6	4	2	9	3	8	7	1
1	9	2	8	5	7	3	6	4

114

5	6	1	8	9	2	4	3	7
3	8	2	4	6	7	1	5	9
9	4	7	3	5	1	8	2	6
1	2	5	6	8	9	7	4	3
4	9	8	5	7	3	6	1	2
6	7	3	1	2	4	9	8	5
7	1	9	2	4	5	3	6	8
2	3	6	7	1	8	5	9	4
8	5	4	9	3	6	2	7	1

115

9	5	8	1	6	7	3	4	2
4	7	3	9	2	5	1	6	8
1	2	6	8	3	4	5	9	7
5	1	9	3	4	8	7	2	6
2	8	4	5	7	6	9	3	1
3	6	7	2	1	9	4	8	5
7	9	5	4	8	2	6	1	3
8	4	1	6	5	3	2	7	9
6	3	2	7	9	1	8	5	4

116

3	4	5	8	2	6	1	7	9
8	2	1	9	3	7	4	5	6
6	9	7	4	5	1	8	2	3
2	5	9	3	8	4	7	6	1
1	8	3	7	6	5	2	9	4
4	7	6	2	1	9	3	8	5
5	3	2	6	4	8	9	1	7
7	6	4	1	9	2	5	3	8
9	1	8	5	7	3	6	4	2

117

9	6	5	2	1	8	7	4	3
7	4	8	9	6	3	2	5	1
3	1	2	4	5	7	8	9	6
8	9	3	6	2	1	5	7	4
5	2	1	7	3	4	6	8	9
6	7	4	8	9	5	1	3	2
4	8	6	1	7	9	3	2	5
1	3	7	5	4	2	9	6	8
2	5	9	3	8	6	4	1	7

118

2	9	6	3	4	5	7	8	1
4	7	5	2	1	8	6	3	9
3	8	1	9	6	7	2	5	4
7	4	8	1	9	6	5	2	3
9	6	3	7	5	2	1	4	8
1	5	2	4	8	3	9	6	7
8	3	9	5	2	1	4	7	6
6	2	4	8	7	9	3	1	5
5	1	7	6	3	4	8	9	2

119

7	4	1	5	6	9	2	3	8
9	8	2	1	7	3	5	6	4
3	5	6	4	8	2	1	9	7
8	9	3	7	2	6	4	1	5
1	2	4	3	5	8	6	7	9
5	6	7	9	1	4	8	2	3
6	3	8	2	4	7	9	5	1
4	7	5	6	9	1	3	8	2
2	1	9	8	3	5	7	4	6

120

9	3	5	4	7	6	1	2	8
4	1	2	9	8	3	6	5	7
6	7	8	5	1	2	4	9	3
5	4	9	6	3	7	8	1	2
2	6	3	8	9	1	7	4	5
7	8	1	2	4	5	3	6	9
3	2	6	1	5	8	9	7	4
8	5	4	7	6	9	2	3	1
1	9	7	3	2	4	5	8	6

121

6	7	2	4	3	1	9	8	5
8	4	1	2	9	5	6	7	3
5	9	3	8	7	6	1	4	2
1	3	8	7	4	2	5	9	6
7	6	9	1	5	3	4	2	8
4	2	5	6	8	9	7	3	1
9	1	4	5	2	8	3	6	7
2	5	7	3	6	4	8	1	9
3	8	6	9	1	7	2	5	4

122

4	2	6	9	8	3	1	5	7
9	3	8	1	7	5	6	2	4
5	7	1	2	6	4	9	3	8
1	9	7	8	2	6	3	4	5
6	5	2	3	4	1	8	7	9
8	4	3	7	5	9	2	1	6
2	6	9	4	3	7	5	8	1
3	1	4	5	9	8	7	6	2
7	8	5	6	1	2	4	9	3

123

5	4	9	6	7	1	8	3	2
3	7	2	8	5	9	4	1	6
6	1	8	2	3	4	9	7	5
2	6	4	9	1	3	7	5	8
1	3	7	4	8	5	6	2	9
8	9	5	7	6	2	3	4	1
9	8	3	1	2	7	5	6	4
7	2	6	5	4	8	1	9	3
4	5	1	3	9	6	2	8	7

124

7	4	2	3	9	5	6	8	1
3	5	8	6	4	1	2	9	7
6	1	9	2	7	8	5	3	4
2	7	5	9	8	6	4	1	3
8	9	1	4	2	3	7	5	6
4	6	3	1	5	7	9	2	8
1	3	4	5	6	2	8	7	9
5	8	6	7	3	9	1	4	2
9	2	7	8	1	4	3	6	5

125

4	3	6	5	2	1	8	9	7
1	7	2	9	3	8	5	4	6
5	8	9	7	6	4	2	1	3
6	2	8	1	9	7	4	3	5
3	5	4	6	8	2	1	7	9
7	9	1	3	4	5	6	8	2
8	4	3	2	7	6	9	5	1
9	6	5	8	1	3	7	2	4
2	1	7	4	5	9	3	6	8

126

5	7	8	4	9	3	6	1	2
1	6	9	2	7	5	4	8	3
2	3	4	8	6	1	5	9	7
3	2	5	6	4	9	8	7	1
8	4	7	3	1	2	9	5	6
6	9	1	5	8	7	3	2	4
7	1	6	9	3	8	2	4	5
4	8	2	1	5	6	7	3	9
9	5	3	7	2	4	1	6	8

127

2	8	1	3	9	4	5	7	6
6	5	7	1	2	8	3	9	4
4	9	3	5	7	6	2	1	8
7	3	8	2	1	5	6	4	9
5	6	4	7	8	9	1	3	2
1	2	9	4	6	3	8	5	7
9	1	5	6	4	2	7	8	3
8	7	2	9	3	1	4	6	5
3	4	6	8	5	7	9	2	1

128

4	5	9	6	7	1	3	8	2
6	7	8	9	2	3	1	4	5
2	1	3	5	4	8	7	9	6
8	9	4	7	3	2	6	5	1
5	3	1	4	8	6	2	7	9
7	2	6	1	5	9	4	3	8
9	4	2	3	1	5	8	6	7
3	8	5	2	6	7	9	1	4
1	6	7	8	9	4	5	2	3

129

4	5	8	7	2	1	9	3	6
3	9	7	8	4	6	2	5	1
2	6	1	3	5	9	4	7	8
6	4	3	9	1	8	7	2	5
9	1	2	5	3	7	6	8	4
7	8	5	4	6	2	3	1	9
8	2	9	6	7	5	1	4	3
5	7	4	1	9	3	8	6	2
1	3	6	2	8	4	5	9	7

130

6	5	7	3	1	2	9	4	8
3	2	4	6	8	9	7	5	1
8	1	9	5	4	7	6	2	3
7	8	5	1	3	4	2	9	6
2	6	1	8	9	5	4	3	7
9	4	3	7	2	6	8	1	5
4	3	8	9	6	1	5	7	2
1	7	2	4	5	8	3	6	9
5	9	6	2	7	3	1	8	4

131

8	2	4	3	6	9	7	1	5
1	5	6	4	7	2	3	8	9
7	3	9	8	1	5	6	4	2
2	9	3	5	8	4	1	6	7
6	8	7	9	2	1	5	3	4
4	1	5	6	3	7	9	2	8
5	6	8	7	4	3	2	9	1
3	7	2	1	9	8	4	5	6
9	4	1	2	5	6	8	7	3

132

7	8	9	2	5	4	6	1	3
1	4	3	7	8	6	5	9	2
5	2	6	9	3	1	7	4	8
9	1	8	5	6	3	2	7	4
6	5	2	8	4	7	9	3	1
3	7	4	1	2	9	8	6	5
4	3	5	6	9	8	1	2	7
2	9	7	3	1	5	4	8	6
8	6	1	4	7	2	3	5	9

133

8	2	6	1	7	4	3	9	5
5	4	9	2	6	3	8	1	7
1	3	7	9	5	8	4	2	6
4	1	5	6	9	7	2	8	3
7	8	2	4	3	5	1	6	9
9	6	3	8	2	1	7	5	4
6	5	4	7	1	2	9	3	8
3	7	1	5	8	9	6	4	2
2	9	8	3	4	6	5	7	1

134

4	1	8	2	6	7	9	5	3
9	2	7	5	8	3	1	6	4
6	3	5	9	4	1	2	7	8
3	7	1	8	5	9	6	4	2
5	4	2	3	7	6	8	1	9
8	9	6	1	2	4	7	3	5
1	5	4	6	9	2	3	8	7
2	8	3	7	1	5	4	9	6
7	6	9	4	3	8	5	2	1

135

1	6	5	3	2	7	8	4	9
3	7	4	5	9	8	6	1	2
8	9	2	4	6	1	5	7	3
9	8	7	1	3	5	2	6	4
5	3	1	2	4	6	7	9	8
2	4	6	8	7	9	3	5	1
7	5	3	9	8	4	1	2	6
6	2	9	7	1	3	4	8	5
4	1	8	6	5	2	9	3	7

136

7	5	9	8	1	2	6	4	3
8	6	2	5	4	3	1	9	7
3	4	1	6	9	7	2	8	5
6	2	8	7	5	9	3	1	4
4	3	5	2	8	1	9	7	6
1	9	7	4	3	6	8	5	2
9	1	6	3	7	4	5	2	8
2	8	4	1	6	5	7	3	9
5	7	3	9	2	8	4	6	1

137

2	1	4	8	3	9	6	7	5
6	3	8	5	7	4	1	9	2
7	5	9	1	2	6	4	3	8
8	7	3	4	9	1	2	5	6
4	9	6	3	5	2	8	1	7
5	2	1	7	6	8	9	4	3
3	8	2	9	1	7	5	6	4
1	4	7	6	8	5	3	2	9
9	6	5	2	4	3	7	8	1

138

4	8	1	7	5	9	6	2	3
6	7	2	8	3	1	5	4	9
3	9	5	6	4	2	1	8	7
5	1	6	9	7	4	2	3	8
2	4	8	5	6	3	9	7	1
7	3	9	1	2	8	4	5	6
9	6	3	2	8	5	7	1	4
8	2	7	4	1	6	3	9	5
1	5	4	3	9	7	8	6	2

139

9	7	8	3	4	1	2	5	6
5	4	1	8	6	2	3	9	7
3	2	6	7	9	5	1	4	8
8	3	5	2	7	6	9	1	4
2	9	7	4	1	3	6	8	5
6	1	4	5	8	9	7	2	3
4	8	3	9	2	7	5	6	1
7	6	2	1	5	8	4	3	9
1	5	9	6	3	4	8	7	2

140

6	1	3	7	2	8	4	9	5
8	4	7	5	3	9	1	2	6
2	9	5	6	1	4	3	7	8
1	7	6	9	4	2	5	8	3
4	5	2	8	7	3	6	1	9
3	8	9	1	6	5	2	4	7
5	3	1	4	9	7	8	6	2
9	6	8	2	5	1	7	3	4
7	2	4	3	8	6	9	5	1

141

4	5	9	6	8	3	2	7	1
6	8	7	1	4	2	9	3	5
1	2	3	7	9	5	4	6	8
9	1	6	3	2	4	8	5	7
7	3	5	9	1	8	6	2	4
8	4	2	5	7	6	3	1	9
5	9	4	2	6	7	1	8	3
2	7	8	4	3	1	5	9	6
3	6	1	8	5	9	7	4	2

142

6	4	2	9	7	5	3	1	8
7	3	1	6	2	8	4	9	5
5	9	8	4	3	1	2	6	7
2	1	4	5	8	3	9	7	6
9	6	3	1	4	7	5	8	2
8	7	5	2	6	9	1	4	3
1	8	7	3	9	2	6	5	4
3	5	6	8	1	4	7	2	9
4	2	9	7	5	6	8	3	1

143

1	7	2	8	4	6	3	5	9
3	9	6	5	7	1	2	8	4
4	8	5	2	9	3	1	6	7
9	1	4	6	2	8	5	7	3
2	6	3	7	5	4	8	9	1
7	5	8	3	1	9	6	4	2
8	3	1	9	6	7	4	2	5
5	4	7	1	8	2	9	3	6
6	2	9	4	3	5	7	1	8

144

3	8	7	4	1	6	9	5	2
6	4	1	2	5	9	3	7	8
9	5	2	8	3	7	1	4	6
7	1	6	3	8	2	4	9	5
2	3	5	1	9	4	6	8	7
8	9	4	7	6	5	2	1	3
1	2	8	5	4	3	7	6	9
4	6	3	9	7	8	5	2	1
5	7	9	6	2	1	8	3	4

145

7	1	3	4	6	2	5	8	9
5	9	2	1	8	3	4	6	7
8	4	6	7	5	9	3	1	2
1	8	9	5	4	6	2	7	3
6	5	7	2	3	8	1	9	4
3	2	4	9	7	1	8	5	6
9	7	5	8	2	4	6	3	1
4	3	8	6	1	7	9	2	5
2	6	1	3	9	5	7	4	8

146

8	2	4	3	5	9	7	6	1
6	1	9	4	2	7	3	8	5
7	3	5	1	6	8	4	9	2
9	6	3	7	1	5	8	2	4
2	4	8	9	3	6	1	5	7
1	5	7	2	8	4	6	3	9
5	9	1	6	4	3	2	7	8
4	7	6	8	9	2	5	1	3
3	8	2	5	7	1	9	4	6

147

1	5	8	7	2	3	9	4	6
3	4	6	1	5	9	8	7	2
7	2	9	4	6	8	3	1	5
8	6	3	2	7	5	1	9	4
5	9	2	8	1	4	6	3	7
4	1	7	9	3	6	2	5	8
9	3	4	5	8	2	7	6	1
2	7	5	6	9	1	4	8	3
6	8	1	3	4	7	5	2	9

148

5	4	7	9	3	1	8	6	2
3	9	6	8	7	2	1	5	4
1	8	2	4	6	5	7	9	3
8	7	5	1	9	4	2	3	6
4	1	3	6	2	8	9	7	5
6	2	9	7	5	3	4	8	1
7	3	1	2	8	6	5	4	9
2	6	8	5	4	9	3	1	7
9	5	4	3	1	7	6	2	8

149

8	3	4	9	2	7	5	6	1
1	2	6	4	5	3	8	9	7
7	9	5	6	8	1	3	4	2
4	7	1	2	6	8	9	3	5
3	6	2	1	9	5	4	7	8
9	5	8	3	7	4	1	2	6
6	4	3	5	1	2	7	8	9
2	1	7	8	3	9	6	5	4
5	8	9	7	4	6	2	1	3

150

2	7	4	3	5	1	8	9	6
1	8	6	4	7	9	2	3	5
5	3	9	8	6	2	7	1	4
6	9	2	5	1	8	4	7	3
7	5	8	6	3	4	9	2	1
3	4	1	9	2	7	5	6	8
8	2	5	1	9	6	3	4	7
9	6	3	7	4	5	1	8	2
4	1	7	2	8	3	6	5	9

151

8	4	6	2	7	5	9	3	1
2	3	9	4	6	1	7	5	8
1	7	5	9	3	8	2	4	6
9	2	4	6	8	3	5	1	7
6	5	8	1	9	7	3	2	4
3	1	7	5	4	2	8	6	9
4	9	2	8	5	6	1	7	3
5	8	3	7	1	4	6	9	2
7	6	1	3	2	9	4	8	5

152

6	9	2	4	1	5	7	8	3
5	8	3	7	6	2	1	4	9
4	7	1	3	8	9	6	5	2
2	3	6	1	7	8	4	9	5
1	4	8	9	5	3	2	7	6
7	5	9	2	4	6	8	3	1
3	1	7	5	2	4	9	6	8
9	6	4	8	3	1	5	2	7
8	2	5	6	9	7	3	1	4

153

9	7	3	5	1	6	8	2	4
6	1	8	9	4	2	7	5	3
4	5	2	8	3	7	6	1	9
5	8	4	6	7	3	1	9	2
3	9	1	4	2	8	5	6	7
2	6	7	1	5	9	4	3	8
8	2	5	3	6	4	9	7	1
1	3	9	7	8	5	2	4	6
7	4	6	2	9	1	3	8	5

154

1	7	8	6	9	4	2	5	3
5	9	3	7	8	2	4	6	1
4	2	6	1	5	3	7	9	8
2	8	9	3	4	1	6	7	5
3	1	7	9	6	5	8	4	2
6	5	4	8	2	7	1	3	9
7	3	2	5	1	6	9	8	4
9	6	1	4	3	8	5	2	7
8	4	5	2	7	9	3	1	6

155

4	7	8	5	3	2	9	6	1
1	3	5	7	9	6	2	8	4
6	9	2	4	1	8	3	7	5
3	6	9	1	2	7	4	5	8
2	4	1	6	8	5	7	3	9
8	5	7	3	4	9	1	2	6
9	1	6	2	5	3	8	4	7
7	2	4	8	6	1	5	9	3
5	8	3	9	7	4	6	1	2

156

8	5	6	7	3	2	9	4	1
9	4	2	8	6	1	5	7	3
3	1	7	5	9	4	6	8	2
7	6	3	2	4	5	1	9	8
5	2	9	6	1	8	7	3	4
4	8	1	3	7	9	2	5	6
1	7	5	4	8	6	3	2	9
6	3	8	9	2	7	4	1	5
2	9	4	1	5	3	8	6	7

157

6	8	7	2	3	9	1	4	5
9	3	4	5	1	6	8	7	2
5	2	1	8	4	7	9	3	6
1	4	3	9	5	8	2	6	7
7	6	8	3	2	1	5	9	4
2	9	5	7	6	4	3	1	8
4	7	9	1	8	5	6	2	3
3	5	6	4	9	2	7	8	1
8	1	2	6	7	3	4	5	9

158

9	8	2	4	1	6	3	7	5
6	5	7	2	9	3	4	1	8
1	4	3	5	8	7	9	2	6
8	7	9	1	2	5	6	3	4
2	3	5	7	6	4	8	9	1
4	1	6	9	3	8	7	5	2
7	9	1	8	4	2	5	6	3
3	2	8	6	5	9	1	4	7
5	6	4	3	7	1	2	8	9

159

7	4	2	9	5	8	3	6	1
5	8	6	7	3	1	2	9	4
3	1	9	6	4	2	5	8	7
9	5	3	4	2	6	7	1	8
1	7	4	5	8	3	9	2	6
2	6	8	1	9	7	4	5	3
8	2	5	3	6	4	1	7	9
4	9	1	8	7	5	6	3	2
6	3	7	2	1	9	8	4	5

160

4	9	3	5	6	2	8	1	7
1	5	7	9	3	8	4	6	2
6	8	2	1	7	4	9	3	5
5	3	1	2	9	7	6	8	4
8	6	9	3	4	5	7	2	1
7	2	4	6	8	1	5	9	3
2	4	8	7	1	6	3	5	9
3	7	5	8	2	9	1	4	6
9	1	6	4	5	3	2	7	8

161

2	9	1	3	8	6	4	5	7
6	3	4	1	5	7	2	8	9
8	7	5	9	4	2	1	3	6
1	5	8	2	9	4	6	7	3
9	4	6	8	7	3	5	2	1
3	2	7	5	6	1	9	4	8
4	8	3	6	2	9	7	1	5
7	1	9	4	3	5	8	6	2
5	6	2	7	1	8	3	9	4

162

6	3	9	5	1	7	4	2	8
4	5	2	9	3	8	7	6	1
7	1	8	6	2	4	3	9	5
8	4	6	2	5	1	9	7	3
3	2	5	7	8	9	1	4	6
9	7	1	4	6	3	5	8	2
2	6	7	1	4	5	8	3	9
5	8	4	3	9	6	2	1	7
1	9	3	8	7	2	6	5	4

163

7	1	4	2	3	8	6	9	5
5	8	9	7	6	4	1	3	2
2	3	6	1	5	9	7	8	4
8	6	3	5	9	7	4	2	1
4	7	5	3	2	1	9	6	8
1	9	2	4	8	6	3	5	7
3	2	7	6	4	5	8	1	9
6	4	8	9	1	2	5	7	3
9	5	1	8	7	3	2	4	6

164

7	5	8	3	6	1	9	2	4
4	2	6	5	8	9	3	7	1
9	3	1	7	2	4	8	5	6
6	9	3	1	7	5	2	4	8
5	7	4	8	3	2	1	6	9
8	1	2	9	4	6	7	3	5
2	8	5	6	9	7	4	1	3
1	4	9	2	5	3	6	8	7
3	6	7	4	1	8	5	9	2

165

4	1	9	7	2	5	8	3	6
6	3	8	1	9	4	2	7	5
5	7	2	8	3	6	4	9	1
2	5	6	4	8	9	7	1	3
8	9	1	6	7	3	5	4	2
3	4	7	5	1	2	9	6	8
7	2	3	9	5	1	6	8	4
1	8	4	2	6	7	3	5	9
9	6	5	3	4	8	1	2	7

166

2	3	7	8	4	6	5	9	1
4	8	1	7	9	5	2	6	3
9	6	5	1	2	3	4	8	7
6	5	2	3	1	7	8	4	9
8	4	3	2	5	9	7	1	6
1	7	9	6	8	4	3	2	5
3	9	6	4	7	2	1	5	8
5	1	4	9	3	8	6	7	2
7	2	8	5	6	1	9	3	4

167

7	9	1	2	6	4	8	3	5
8	4	2	3	9	5	6	1	7
6	3	5	8	1	7	4	2	9
2	8	9	6	7	3	1	5	4
1	6	3	4	5	2	9	7	8
5	7	4	1	8	9	3	6	2
4	2	6	7	3	8	5	9	1
3	5	8	9	2	1	7	4	6
9	1	7	5	4	6	2	8	3

168

5	2	7	4	8	1	6	3	9
3	8	1	5	9	6	4	2	7
4	6	9	7	2	3	8	1	5
6	9	8	1	3	7	5	4	2
2	4	5	9	6	8	3	7	1
1	7	3	2	4	5	9	8	6
8	1	2	3	5	9	7	6	4
7	5	6	8	1	4	2	9	3
9	3	4	6	7	2	1	5	8

9	6	4	3	5	2	1	7	8
8	7	2	9	6	1	3	4	5
3	5	1	4	8	7	6	2	9
6	2	5	1	9	8	7	3	4
4	9	7	5	3	6	2	8	1
1	3	8	7	2	4	5	9	6
5	8	9	2	1	3	4	6	7
2	4	6	8	7	5	9	1	3
7	1	3	6	4	9	8	5	2

5	4	7	1	3	9	8	2	6
1	3	8	2	6	7	5	9	4
6	2	9	4	8	5	1	3	7
2	8	3	5	4	1	6	7	9
7	6	1	3	9	8	4	5	2
9	5	4	7	2	6	3	8	1
3	9	6	8	7	4	2	1	5
8	7	5	6	1	2	9	4	3
4	1	2	9	5	3	7	6	8

6	9	4	8	3	2	5	1	7
3	1	7	5	6	9	8	2	4
5	8	2	7	4	1	3	9	6
8	3	1	6	5	7	9	4	2
2	4	6	9	1	3	7	5	8
7	5	9	2	8	4	6	3	1
1	7	3	4	9	6	2	8	5
4	2	8	3	7	5	1	6	9
9	6	5	1	2	8	4	7	3

8	4	9	6	7	3	1	5	2
6	1	5	9	8	2	4	3	7
2	7	3	4	1	5	8	9	6
4	9	6	2	3	1	5	7	8
1	8	7	5	9	6	3	2	4
5	3	2	7	4	8	6	1	9
3	6	1	8	2	7	9	4	5
7	5	4	1	6	9	2	8	3
9	2	8	3	5	4	7	6	1

5	6	7	4	9	1	3	2	8
8	9	4	5	2	3	7	6	1
3	1	2	6	8	7	9	4	5
1	3	9	2	4	6	5	8	7
6	7	8	9	3	5	2	1	4
2	4	5	7	1	8	6	3	9
9	2	6	1	5	4	8	7	3
4	5	3	8	7	2	1	9	6
7	8	1	3	6	9	4	5	2

1	7	2	5	4	8	9	3	6
4	6	9	1	7	3	5	2	8
3	5	8	6	9	2	1	7	4
2	1	7	9	3	6	4	8	5
6	8	3	7	5	4	2	1	9
5	9	4	8	2	1	3	6	7
8	2	1	4	6	9	7	5	3
9	3	5	2	8	7	6	4	1
7	4	6	3	1	5	8	9	2

6	1	4	5	8	7	3	9	2
3	2	5	6	1	9	7	4	8
9	8	7	4	3	2	6	1	5
2	4	3	1	6	5	9	8	7
5	7	1	3	9	8	4	2	6
8	9	6	7	2	4	1	5	3
4	3	8	9	5	6	2	7	1
7	6	2	8	4	1	5	3	9
1	5	9	2	7	3	8	6	4

5	9	1	3	4	2	6	7	8
7	4	3	8	9	6	2	1	5
6	2	8	5	7	1	9	4	3
1	8	9	7	2	3	4	5	6
2	6	7	1	5	4	3	8	9
3	5	4	6	8	9	7	2	1
8	1	2	9	6	7	5	3	4
4	3	6	2	1	5	8	9	7
9	7	5	4	3	8	1	6	2

177

5	7	6	4	1	2	8	9	3
4	8	1	7	9	3	2	5	6
2	9	3	5	6	8	1	4	7
6	2	9	8	3	5	7	1	4
3	4	8	9	7	1	5	6	2
1	5	7	2	4	6	9	3	8
9	3	5	6	8	7	4	2	1
8	6	2	1	5	4	3	7	9
7	1	4	3	2	9	6	8	5

178

3	6	2	5	4	7	9	1	8
9	5	1	6	2	8	7	4	3
7	8	4	3	1	9	2	6	5
4	7	9	1	5	2	3	8	6
1	3	8	9	7	6	4	5	2
5	2	6	4	8	3	1	7	9
6	9	5	7	3	4	8	2	1
2	4	3	8	6	1	5	9	7
8	1	7	2	9	5	6	3	4

179

2	6	5	8	9	3	4	7	1
8	4	3	7	2	1	9	6	5
9	7	1	4	5	6	2	3	8
7	9	4	3	1	2	8	5	6
3	8	6	5	7	9	1	2	4
1	5	2	6	4	8	7	9	3
6	2	9	1	8	5	3	4	7
4	3	8	2	6	7	5	1	9
5	1	7	9	3	4	6	8	2

180

1	9	4	8	5	2	3	7	6
3	8	6	7	1	4	9	5	2
2	7	5	9	3	6	1	8	4
9	3	1	4	8	5	6	2	7
6	2	8	1	7	3	4	9	5
4	5	7	2	6	9	8	1	3
7	4	3	5	9	1	2	6	8
8	1	2	6	4	7	5	3	9
5	6	9	3	2	8	7	4	1

181

4	6	9	1	7	2	3	8	5
7	1	3	4	5	8	6	9	2
2	5	8	9	3	6	7	4	1
9	4	5	8	2	7	1	3	6
1	3	6	5	4	9	2	7	8
8	2	7	3	6	1	4	5	9
6	8	1	7	9	3	5	2	4
3	9	4	2	1	5	8	6	7
5	7	2	6	8	4	9	1	3

182

4	5	9	6	2	1	8	7	3
1	6	8	7	5	3	4	2	9
3	2	7	4	9	8	6	1	5
2	7	4	8	6	5	9	3	1
5	9	3	1	7	4	2	8	6
6	8	1	9	3	2	5	4	7
9	1	6	2	4	7	3	5	8
8	4	5	3	1	6	7	9	2
7	3	2	5	8	9	1	6	4

183

5	6	7	9	1	8	2	3	4
3	8	4	6	7	2	5	9	1
2	1	9	4	5	3	7	6	8
4	5	2	7	3	9	1	8	6
7	9	1	8	6	4	3	2	5
6	3	8	5	2	1	9	4	7
1	4	3	2	8	5	6	7	9
9	7	5	3	4	6	8	1	2
8	2	6	1	9	7	4	5	3

184

8	3	6	2	1	7	9	4	5
2	7	5	8	4	9	1	3	6
4	9	1	5	3	6	8	7	2
1	5	8	4	2	3	7	6	9
9	4	3	6	7	8	2	5	1
6	2	7	9	5	1	4	8	3
5	1	4	7	6	2	3	9	8
3	6	9	1	8	4	5	2	7
7	8	2	3	9	5	6	1	4

185

6	1	7	8	3	9	2	4	5
5	9	2	4	7	1	6	3	8
4	8	3	5	2	6	7	1	9
9	4	8	1	5	7	3	2	6
2	3	1	9	6	4	5	8	7
7	6	5	2	8	3	1	9	4
3	5	4	6	1	8	9	7	2
8	7	6	3	9	2	4	5	1
1	2	9	7	4	5	8	6	3

186

9	4	5	8	7	3	6	2	1
6	1	2	9	4	5	3	8	7
3	7	8	6	2	1	5	4	9
8	2	4	7	1	6	9	5	3
7	9	6	5	3	2	8	1	4
5	3	1	4	9	8	7	6	2
4	5	3	1	6	7	2	9	8
2	8	9	3	5	4	1	7	6
1	6	7	2	8	9	4	3	5

187

8	3	4	7	6	5	9	2	1
6	5	1	3	9	2	8	4	7
7	2	9	1	8	4	3	6	5
9	7	8	2	4	3	5	1	6
4	6	3	9	5	1	7	8	2
5	1	2	6	7	8	4	3	9
1	4	6	5	3	9	2	7	8
2	8	5	4	1	7	6	9	3
3	9	7	8	2	6	1	5	4

188

3	6	7	4	9	1	8	5	2
4	9	8	2	5	7	1	3	6
5	1	2	6	8	3	7	9	4
9	8	1	7	2	4	5	6	3
2	4	6	5	3	8	9	1	7
7	3	5	1	6	9	4	2	8
1	2	9	8	7	6	3	4	5
8	5	4	3	1	2	6	7	9
6	7	3	9	4	5	2	8	1

189

1	4	3	6	2	9	5	7	8
8	5	9	3	4	7	1	6	2
6	2	7	5	1	8	3	9	4
2	9	5	7	6	4	8	1	3
3	6	1	9	8	5	2	4	7
7	8	4	2	3	1	9	5	6
4	7	2	1	5	3	6	8	9
5	3	8	4	9	6	7	2	1
9	1	6	8	7	2	4	3	5

190

7	2	4	6	3	1	9	5	8
1	3	8	7	9	5	6	2	4
9	5	6	2	4	8	3	7	1
8	1	7	4	2	6	5	9	3
3	6	2	8	5	9	1	4	7
4	9	5	1	7	3	8	6	2
2	8	3	9	6	4	7	1	5
6	7	1	5	8	2	4	3	9
5	4	9	3	1	7	2	8	6

191

1	3	9	6	4	7	2	8	5
5	8	4	2	1	9	6	3	7
2	7	6	5	8	3	9	4	1
7	1	3	8	2	6	5	9	4
9	5	8	3	7	4	1	2	6
6	4	2	1	9	5	8	7	3
8	6	5	7	3	2	4	1	9
4	2	7	9	6	1	3	5	8
3	9	1	4	5	8	7	6	2

192

7	4	2	3	8	1	5	6	9
8	3	6	4	9	5	7	2	1
1	5	9	2	7	6	3	8	4
3	6	8	1	4	9	2	7	5
2	7	1	6	5	3	4	9	8
5	9	4	8	2	7	6	1	3
6	8	5	9	3	2	1	4	7
9	2	7	5	1	4	8	3	6
4	1	3	7	6	8	9	5	2

193

4	9	1	8	7	3	2	6	5
6	8	2	9	5	4	7	3	1
7	3	5	1	2	6	8	9	4
3	2	6	5	1	8	9	4	7
5	1	9	3	4	7	6	8	2
8	4	7	2	6	9	5	1	3
9	7	8	4	3	5	1	2	6
1	5	4	6	9	2	3	7	8
2	6	3	7	8	1	4	5	9

194

7	6	1	8	3	2	5	4	9
3	9	5	4	6	1	8	2	7
4	8	2	7	5	9	3	6	1
9	4	6	2	8	5	7	1	3
5	7	8	6	1	3	4	9	2
1	2	3	9	7	4	6	5	8
8	1	9	3	4	6	2	7	5
2	3	4	5	9	7	1	8	6
6	5	7	1	2	8	9	3	4

195

9	1	7	5	8	4	6	2	3
5	3	6	9	2	7	8	1	4
4	2	8	1	3	6	7	9	5
8	5	1	6	4	2	9	3	7
2	6	3	7	1	9	5	4	8
7	4	9	3	5	8	1	6	2
3	7	5	4	9	1	2	8	6
1	8	4	2	6	5	3	7	9
6	9	2	8	7	3	4	5	1

196

3	7	4	1	2	8	6	9	5
1	5	2	9	4	6	3	8	7
6	9	8	7	5	3	4	2	1
2	8	1	3	9	5	7	4	6
5	4	9	2	6	7	8	1	3
7	3	6	4	8	1	9	5	2
8	6	7	5	1	4	2	3	9
9	1	3	8	7	2	5	6	4
4	2	5	6	3	9	1	7	8

197

6	8	3	4	5	2	9	1	7
5	1	2	6	7	9	8	3	4
7	9	4	8	3	1	6	2	5
8	3	7	9	2	6	5	4	1
4	6	9	7	1	5	2	8	3
1	2	5	3	4	8	7	9	6
3	7	6	2	9	4	1	5	8
9	4	1	5	8	7	3	6	2
2	5	8	1	6	3	4	7	9

198

9	6	5	1	8	2	4	3	7
4	3	7	9	6	5	1	8	2
8	2	1	3	7	4	9	6	5
5	7	6	2	4	1	8	9	3
3	1	8	7	9	6	2	5	4
2	9	4	8	5	3	6	7	1
1	8	2	6	3	7	5	4	9
7	5	9	4	1	8	3	2	6
6	4	3	5	2	9	7	1	8

199

3	1	9	2	5	7	6	8	4
5	2	4	6	9	8	3	7	1
6	7	8	4	3	1	5	2	9
7	8	1	5	6	3	4	9	2
4	9	6	1	7	2	8	3	5
2	3	5	8	4	9	7	1	6
8	6	3	9	2	4	1	5	7
1	5	2	7	8	6	9	4	3
9	4	7	3	1	5	2	6	8

200

4	8	7	3	6	2	5	1	9
5	3	6	4	9	1	2	8	7
1	9	2	5	7	8	4	6	3
3	6	5	7	8	4	1	9	2
8	4	1	6	2	9	7	3	5
2	7	9	1	5	3	6	4	8
9	2	4	8	1	7	3	5	6
6	1	8	2	3	5	9	7	4
7	5	3	9	4	6	8	2	1

201

8	9	7	6	3	1	4	5	2
6	1	5	2	4	8	9	7	3
2	4	3	5	7	9	8	1	6
7	6	4	8	9	3	5	2	1
9	2	1	4	5	7	6	3	8
3	5	8	1	2	6	7	9	4
1	7	2	9	8	4	3	6	5
4	3	6	7	1	5	2	8	9
5	8	9	3	6	2	1	4	7

202

6	4	3	1	2	8	9	7	5
1	2	8	5	7	9	6	3	4
9	5	7	3	4	6	2	8	1
4	8	2	7	9	1	5	6	3
7	1	5	2	6	3	4	9	8
3	6	9	8	5	4	1	2	7
8	9	1	6	3	5	7	4	2
5	7	4	9	8	2	3	1	6
2	3	6	4	1	7	8	5	9

203

4	8	1	6	2	5	9	7	3
6	9	3	1	8	7	5	2	4
5	2	7	4	3	9	1	8	6
7	5	9	2	1	6	3	4	8
3	6	4	9	5	8	7	1	2
2	1	8	7	4	3	6	5	9
1	7	2	3	9	4	8	6	5
9	4	5	8	6	1	2	3	7
8	3	6	5	7	2	4	9	1

204

7	4	9	1	6	5	8	2	3
2	3	5	9	8	7	1	6	4
6	8	1	4	2	3	5	9	7
4	1	7	2	3	8	9	5	6
8	5	2	6	4	9	7	3	1
9	6	3	5	7	1	2	4	8
1	2	4	8	5	6	3	7	9
5	7	8	3	9	4	6	1	2
3	9	6	7	1	2	4	8	5

205

1	5	7	2	6	4	3	8	9
4	9	3	1	8	5	6	2	7
6	8	2	3	9	7	1	5	4
9	4	5	8	7	1	2	3	6
2	3	6	5	4	9	8	7	1
7	1	8	6	2	3	9	4	5
8	6	9	7	5	2	4	1	3
3	7	4	9	1	8	5	6	2
5	2	1	4	3	6	7	9	8

206

1	2	3	7	6	4	5	8	9
6	5	7	8	1	9	3	2	4
9	4	8	5	2	3	6	1	7
8	3	9	1	5	7	4	6	2
2	6	5	9	4	8	1	7	3
7	1	4	6	3	2	9	5	8
4	9	6	2	8	1	7	3	5
5	7	2	3	9	6	8	4	1
3	8	1	4	7	5	2	9	6

207

8	7	4	5	2	6	9	1	3
1	9	6	3	8	4	2	5	7
2	5	3	9	7	1	4	8	6
9	3	2	4	1	8	6	7	5
7	8	1	6	5	2	3	9	4
6	4	5	7	9	3	1	2	8
5	6	7	1	4	9	8	3	2
3	2	9	8	6	7	5	4	1
4	1	8	2	3	5	7	6	9

208

3	5	8	9	2	1	7	6	4
4	2	9	8	7	6	1	3	5
7	6	1	5	4	3	2	9	8
5	8	6	4	9	2	3	1	7
9	4	7	3	1	5	8	2	6
2	1	3	6	8	7	4	5	9
1	3	4	7	6	9	5	8	2
8	9	2	1	5	4	6	7	3
6	7	5	2	3	8	9	4	1

209

3	8	1	5	6	7	9	4	2
5	6	9	2	1	4	7	3	8
7	4	2	8	3	9	6	5	1
4	2	6	7	9	5	1	8	3
1	7	3	4	8	6	5	2	9
9	5	8	1	2	3	4	6	7
6	9	5	3	7	8	2	1	4
2	3	4	9	5	1	8	7	6
8	1	7	6	4	2	3	9	5

210

3	9	8	4	5	6	1	7	2
5	2	6	9	1	7	4	3	8
1	7	4	2	8	3	5	6	9
6	3	5	7	4	2	8	9	1
8	4	7	3	9	1	6	2	5
9	1	2	5	6	8	7	4	3
4	5	3	8	7	9	2	1	6
7	6	9	1	2	5	3	8	4
2	8	1	6	3	4	9	5	7

211

3	7	8	5	2	1	6	4	9
1	9	6	7	4	8	5	3	2
2	5	4	9	3	6	1	7	8
9	8	5	6	1	7	3	2	4
4	1	7	3	5	2	9	8	6
6	3	2	8	9	4	7	1	5
7	4	3	2	6	5	8	9	1
5	2	9	1	8	3	4	6	7
8	6	1	4	7	9	2	5	3

212

5	8	9	2	3	1	4	7	6
1	6	3	9	7	4	5	8	2
7	2	4	5	6	8	3	9	1
6	5	2	4	9	7	1	3	8
4	9	7	1	8	3	2	6	5
8	3	1	6	5	2	7	4	9
3	7	6	8	2	5	9	1	4
9	1	5	7	4	6	8	2	3
2	4	8	3	1	9	6	5	7

213

2	8	4	7	3	5	6	9	1
7	6	1	8	4	9	3	5	2
9	3	5	6	2	1	7	8	4
8	5	6	2	1	3	9	4	7
4	1	7	9	5	8	2	6	3
3	9	2	4	6	7	8	1	5
6	4	3	1	9	2	5	7	8
1	2	8	5	7	6	4	3	9
5	7	9	3	8	4	1	2	6

214

1	7	4	9	6	5	8	2	3
9	2	8	4	1	3	6	7	5
5	6	3	2	8	7	1	4	9
2	9	1	6	5	4	7	3	8
8	5	6	3	7	1	4	9	2
3	4	7	8	9	2	5	6	1
6	8	5	7	3	9	2	1	4
7	3	2	1	4	8	9	5	6
4	1	9	5	2	6	3	8	7

215

9	8	3	6	4	2	7	5	1
5	1	2	8	9	7	6	4	3
4	6	7	1	5	3	2	9	8
1	3	8	5	6	9	4	2	7
7	9	5	3	2	4	8	1	6
2	4	6	7	1	8	9	3	5
6	5	9	2	7	1	3	8	4
8	2	1	4	3	6	5	7	9
3	7	4	9	8	5	1	6	2

216

6	7	8	2	4	3	1	9	5
1	5	2	9	8	6	4	3	7
9	4	3	7	1	5	8	2	6
5	6	7	4	9	2	3	1	8
4	3	1	6	5	8	2	7	9
8	2	9	3	7	1	5	6	4
2	9	5	8	3	7	6	4	1
7	1	6	5	2	4	9	8	3
3	8	4	1	6	9	7	5	2

217

1	3	7	6	9	5	2	8	4
5	8	9	3	4	2	7	1	6
2	6	4	7	1	8	5	9	3
4	7	3	8	5	6	1	2	9
8	1	6	4	2	9	3	5	7
9	2	5	1	7	3	6	4	8
7	5	1	9	3	4	8	6	2
6	4	2	5	8	7	9	3	1
3	9	8	2	6	1	4	7	5

218

3	1	2	6	9	5	8	7	4
6	7	8	2	1	4	3	9	5
5	4	9	7	8	3	1	6	2
8	3	5	4	6	9	2	1	7
1	9	6	5	7	2	4	8	3
7	2	4	8	3	1	9	5	6
9	5	7	3	2	8	6	4	1
2	6	1	9	4	7	5	3	8
4	8	3	1	5	6	7	2	9

219

7	4	2	5	8	9	6	1	3
9	8	6	3	2	1	7	4	5
1	5	3	6	4	7	8	9	2
8	9	1	2	3	4	5	6	7
4	6	7	1	5	8	2	3	9
2	3	5	9	7	6	4	8	1
3	7	8	4	1	5	9	2	6
5	2	9	8	6	3	1	7	4
6	1	4	7	9	2	3	5	8

220

6	1	9	3	4	8	7	2	5
2	7	8	5	6	1	3	9	4
3	4	5	9	2	7	1	8	6
5	3	6	4	8	9	2	7	1
7	8	2	1	5	6	9	4	3
1	9	4	7	3	2	6	5	8
8	6	1	2	9	4	5	3	7
9	5	7	8	1	3	4	6	2
4	2	3	6	7	5	8	1	9

221

7	3	2	8	9	5	4	1	6
4	1	6	2	3	7	8	5	9
8	5	9	1	4	6	3	7	2
2	7	3	6	5	4	9	8	1
6	4	5	9	1	8	7	2	3
9	8	1	7	2	3	6	4	5
1	6	4	3	7	2	5	9	8
3	2	7	5	8	9	1	6	4
5	9	8	4	6	1	2	3	7

222

2	4	5	8	9	6	3	7	1
3	7	6	5	1	4	9	2	8
9	8	1	3	7	2	5	6	4
1	5	3	4	2	8	7	9	6
4	6	2	9	3	7	8	1	5
7	9	8	1	6	5	4	3	2
6	3	4	7	8	1	2	5	9
5	2	9	6	4	3	1	8	7
8	1	7	2	5	9	6	4	3

223

7	6	8	4	2	9	3	1	5
2	3	4	1	7	5	8	9	6
9	1	5	3	6	8	7	2	4
8	9	3	7	1	4	5	6	2
6	4	2	5	9	3	1	8	7
5	7	1	2	8	6	4	3	9
4	2	6	8	3	7	9	5	1
3	5	9	6	4	1	2	7	8
1	8	7	9	5	2	6	4	3

224

4	6	9	3	1	2	8	7	5
3	5	7	6	8	4	9	1	2
1	8	2	7	5	9	6	3	4
7	9	5	4	6	8	1	2	3
8	4	3	2	9	1	5	6	7
6	2	1	5	3	7	4	9	8
5	3	4	1	7	6	2	8	9
2	1	8	9	4	3	7	5	6
9	7	6	8	2	5	3	4	1

225

5	8	4	2	7	6	1	9	3
2	6	9	3	1	5	8	7	4
1	7	3	8	9	4	2	6	5
4	5	6	1	2	3	7	8	9
9	2	1	5	8	7	4	3	6
7	3	8	4	6	9	5	1	2
8	9	5	6	4	1	3	2	7
3	1	7	9	5	2	6	4	8
6	4	2	7	3	8	9	5	1

226

1	9	5	2	7	4	8	3	6
6	8	7	1	5	3	2	4	9
3	2	4	6	9	8	1	7	5
2	7	1	5	8	9	3	6	4
5	3	9	4	6	1	7	8	2
4	6	8	3	2	7	9	5	1
9	1	3	7	4	5	6	2	8
8	5	2	9	3	6	4	1	7
7	4	6	8	1	2	5	9	3

227

4	3	7	8	5	1	2	6	9
6	9	2	4	7	3	1	8	5
1	8	5	2	6	9	4	3	7
9	1	8	7	3	5	6	2	4
5	2	4	1	8	6	9	7	3
7	6	3	9	2	4	8	5	1
2	7	9	5	4	8	3	1	6
8	4	6	3	1	7	5	9	2
3	5	1	6	9	2	7	4	8

228

4	8	2	5	6	9	7	1	3
3	1	6	4	7	8	2	5	9
5	9	7	2	1	3	6	8	4
2	3	1	9	4	7	8	6	5
8	4	9	1	5	6	3	2	7
6	7	5	3	8	2	9	4	1
9	5	8	7	2	4	1	3	6
1	6	3	8	9	5	4	7	2
7	2	4	6	3	1	5	9	8

229

2	5	3	8	6	7	4	9	1
7	8	6	9	4	1	3	5	2
4	1	9	3	5	2	7	8	6
9	3	7	4	8	6	2	1	5
8	4	1	7	2	5	6	3	9
5	6	2	1	9	3	8	4	7
6	9	5	2	3	8	1	7	4
1	2	8	5	7	4	9	6	3
3	7	4	6	1	9	5	2	8

230

4	3	8	2	5	7	6	9	1
2	7	6	4	1	9	3	8	5
9	5	1	3	6	8	7	2	4
5	4	9	1	3	6	8	7	2
8	6	3	5	7	2	4	1	9
1	2	7	9	8	4	5	6	3
7	9	2	8	4	3	1	5	6
6	1	4	7	2	5	9	3	8
3	8	5	6	9	1	2	4	7

231

1	8	5	3	6	4	2	7	9
3	9	7	8	2	1	5	6	4
4	2	6	9	5	7	3	1	8
9	3	1	5	7	8	4	2	6
5	6	4	1	3	2	9	8	7
8	7	2	4	9	6	1	5	3
6	4	9	7	1	5	8	3	2
2	5	3	6	8	9	7	4	1
7	1	8	2	4	3	6	9	5

232

1	3	6	5	8	4	2	7	9
4	5	2	6	9	7	1	3	8
7	9	8	1	3	2	4	5	6
8	4	5	9	1	6	3	2	7
9	7	3	2	5	8	6	4	1
6	2	1	7	4	3	8	9	5
2	6	9	3	7	1	5	8	4
3	8	7	4	6	5	9	1	2
5	1	4	8	2	9	7	6	3

233

8	4	6	9	3	1	2	5	7
2	7	3	4	5	6	8	9	1
1	5	9	8	7	2	3	6	4
4	2	5	3	1	7	9	8	6
7	9	8	5	6	4	1	2	3
6	3	1	2	8	9	7	4	5
3	6	2	1	9	5	4	7	8
9	1	7	6	4	8	5	3	2
5	8	4	7	2	3	6	1	9

234

9	1	4	8	2	3	6	7	5
5	6	2	1	7	9	4	3	8
7	8	3	5	4	6	9	2	1
8	3	9	7	5	2	1	4	6
6	7	5	3	1	4	2	8	9
2	4	1	6	9	8	7	5	3
3	2	8	9	6	7	5	1	4
1	9	7	4	3	5	8	6	2
4	5	6	2	8	1	3	9	7

235

9	8	4	6	1	2	3	7	5
3	5	7	4	9	8	1	2	6
2	1	6	3	7	5	4	8	9
7	3	2	9	4	6	8	5	1
5	4	1	7	8	3	6	9	2
8	6	9	5	2	1	7	3	4
4	7	3	1	5	9	2	6	8
1	9	8	2	6	7	5	4	3
6	2	5	8	3	4	9	1	7

236

7	4	3	5	2	9	6	1	8
2	6	9	3	8	1	5	4	7
8	1	5	4	6	7	2	9	3
6	9	7	1	5	4	8	3	2
5	2	1	7	3	8	4	6	9
3	8	4	6	9	2	7	5	1
4	3	2	8	1	5	9	7	6
1	5	8	9	7	6	3	2	4
9	7	6	2	4	3	1	8	5

237

4	6	7	5	8	3	1	9	2
8	5	2	9	6	1	4	3	7
9	1	3	7	2	4	5	6	8
6	3	9	4	7	2	8	5	1
7	4	5	1	3	8	6	2	9
1	2	8	6	5	9	7	4	3
3	9	4	8	1	5	2	7	6
2	7	1	3	4	6	9	8	5
5	8	6	2	9	7	3	1	4

238

4	1	2	8	3	9	6	7	5
8	7	9	1	6	5	3	4	2
3	6	5	2	7	4	8	1	9
6	3	7	9	1	2	5	8	4
1	2	4	5	8	7	9	6	3
5	9	8	6	4	3	1	2	7
9	8	3	7	2	6	4	5	1
7	5	1	4	9	8	2	3	6
2	4	6	3	5	1	7	9	8

239

2	6	7	1	9	8	5	4	3
5	4	9	3	6	7	8	2	1
8	3	1	5	4	2	6	9	7
7	9	6	2	1	5	4	3	8
1	5	3	9	8	4	2	7	6
4	8	2	6	7	3	1	5	9
9	2	4	8	3	1	7	6	5
6	7	8	4	5	9	3	1	2
3	1	5	7	2	6	9	8	4

240

2	3	4	5	9	1	6	8	7
7	8	5	4	3	6	1	2	9
1	6	9	8	2	7	3	4	5
3	7	1	9	5	4	8	6	2
8	4	2	6	7	3	9	5	1
9	5	6	2	1	8	4	7	3
4	1	7	3	8	5	2	9	6
5	9	8	1	6	2	7	3	4
6	2	3	7	4	9	5	1	8

2 4 1

8	2	6	9	1	7	4	3	5
4	1	3	8	5	6	9	7	2
5	7	9	3	2	4	6	1	8
2	3	8	5	7	9	1	6	4
9	6	4	2	3	1	5	8	7
7	5	1	4	6	8	3	2	9
3	4	5	1	8	2	7	9	6
1	8	7	6	9	5	2	4	3
6	9	2	7	4	3	8	5	1

2 4 2

7	5	3	1	9	8	4	6	2
6	1	8	3	4	2	7	5	9
9	4	2	5	6	7	3	8	1
4	8	1	2	3	6	9	7	5
5	2	9	7	1	4	8	3	6
3	7	6	9	8	5	2	1	4
1	9	5	8	2	3	6	4	7
2	3	4	6	7	1	5	9	8
8	6	7	4	5	9	1	2	3

WHAT IS MENSA?

Mensa®
The High IQ Society

Mensa is the international society for people with a high IQ. We have more than 100,000 members in over 40 countries worldwide.

The society's aims are:
* to identify and foster human intelligence for the benefit of humanity;
* to encourage research in the nature, characteristics, and uses of intelligence;
* to provide a stimulating intellectual and social environment for its members.

Anyone with an IQ score in the top two percent of the population is eligible to become a member of Mensa—are you the "one in 50" we've been looking for?

Mensa membership offers an excellent range of benefits:
* Networking and social activities nationally and around the world;
* Special Interest Groups (hundreds of chances to pursue your hobbies and interests—from art to zoology!);
* Monthly International Journal, national magazines, and regional newsletters;
* Local meetings—from game challenges to food and drink;
* National and international weekend gatherings and conferences;
* Intellectually stimulating lectures and seminars;
* Access to the worldwide SIGHT network for travelers and hosts.

For more information about Mensa International:
www.mensa.org
Telephone: +44 20 7226 6891
e-mail: enquiries@mensa.org
Mensa International Ltd.
P.O. Box 215
Lowestoft, NR32 9BD
United Kingdom

For more information about American Mensa:
www.us.mensa.org
Telephone: 1-800-66-MENSA
American Mensa Ltd.
1229 Corporate Drive West
Arlington, TX 76006-6103 USA

For more information about British Mensa (UK and Ireland):
www.mensa.org.uk
Telephone: +44 (0) 1902 772771
e-mail: enquiries@mensa.org.uk
British Mensa Ltd.
St. John's House
St. John's Square
Wolverhampton WV2 4AH
United Kingdom

For more information about Australian Mensa:
www.mensa.org.au
Telephone: +61 1902 260 594
e-mail: info@mensa.org.au
Australian Mensa Inc.
PO Box 212
Darlington WA 6070 Australia